Marion Landwehr

Cafés & Ateliers Nördlicher Schwarzwald

Besondere Menschen und Orte laden ein

J. BERG

Inhalt

Feines Handwerk aus dem Nordschwarzwald – auserlesen und individuell

Ortenau

Kinzigtal

Begegnungen

Ich kenne den Schwarzwald von Kindesbeinen an. Zunächst vom Urlaub mit meinen Eltern, später mit meinen eigenen Kindern, habe ich diesen herrlichen Landstrich im Laufe vieler Jahre intensiv kennen- und lieben gelernt – beim Wandern, mit dem Mountainbike, beim Langlauf oder mit den Schneeschuhen, mit dem Auto, Zug, Fahrrad oder Wohnmobil. Deshalb dachte ich, dass ich alles kenne. Doch da hatte ich mich getäuscht! Mit dem Auftrag im Gepäck, interessante Künstler und schnuckelige, außergewöhnliche und kunstvolle Cafés aufzutun, bin ich losgezogen, um den Schwarzwald noch einmal komplett neu zu entdecken.

Die interessanten Menschen, die ich dabei getroffen habe, die alle eine höchst packende Lebensgeschichte zu erzählen haben, waren eine große Bereicherung für mich. Selten kommt eine/r der Kunstschaffenden genau aus dem Bereich, in dem sie oder er nun kreativ tätig ist. Auch den Cafébetreibern wurde ihre Gastronomie keinesfalls in die Wiege gelegt – im Gegenteil, mitunter waren lange und auch beschwerliche Wege nötig, um sich diesen Traum zu erfüllen, in den meisten Fällen eine komplette Kehrtwende im Leben. So bei einem ehemaligen Mitarbeiter von *Daimler Truck*, der mit seiner Abfindung eine Kaffeerösterei eröffnete, oder bei der gelernten Bankkauffrau, die im Albtal ein Kleinod mit köstlichem Frühstücksangebot geschaffen hat. Oder die Töpferin, die beim Landesvermessungsamt tätig war, oder das Duo von *Schwarzwald Shooting*, gelernte Bankkauffrau und Betriebswirtin die eine und Einzelhandelskauffrau die andere.

Aber es sind nicht nur die Geschichten, die die Menschen erzählen, die berühren und in vielen Fällen eine Gänsehaut verursachen. Es ist die Symbiose aus wunderbaren Menschen, einer bezaubernden Landschaft, großartiger Kunst, einladenden Cafés und dem Bestreben, für die Gäste des Nordschwarzwalds etwas Besonderes zu schaffen, ihnen ein Erlebnis zu bieten, das sie noch lange in Erinnerung behalten. All das gelingt den Menschen, auf die Sie, liebe Leser, in diesem Buch treffen werden.

Es war mir eine Freude und Ehre, die Geschichten dieser Menschen zu erfahren, und deshalb nehme ich Sie nun gern mit, damit auch Sie diese Menschen kennenlernen!

Ihre
Marion Landwehr

Das Sinnbild des Schwarzwalds, der Bollenhut, ist auch in der Kunst präsent.

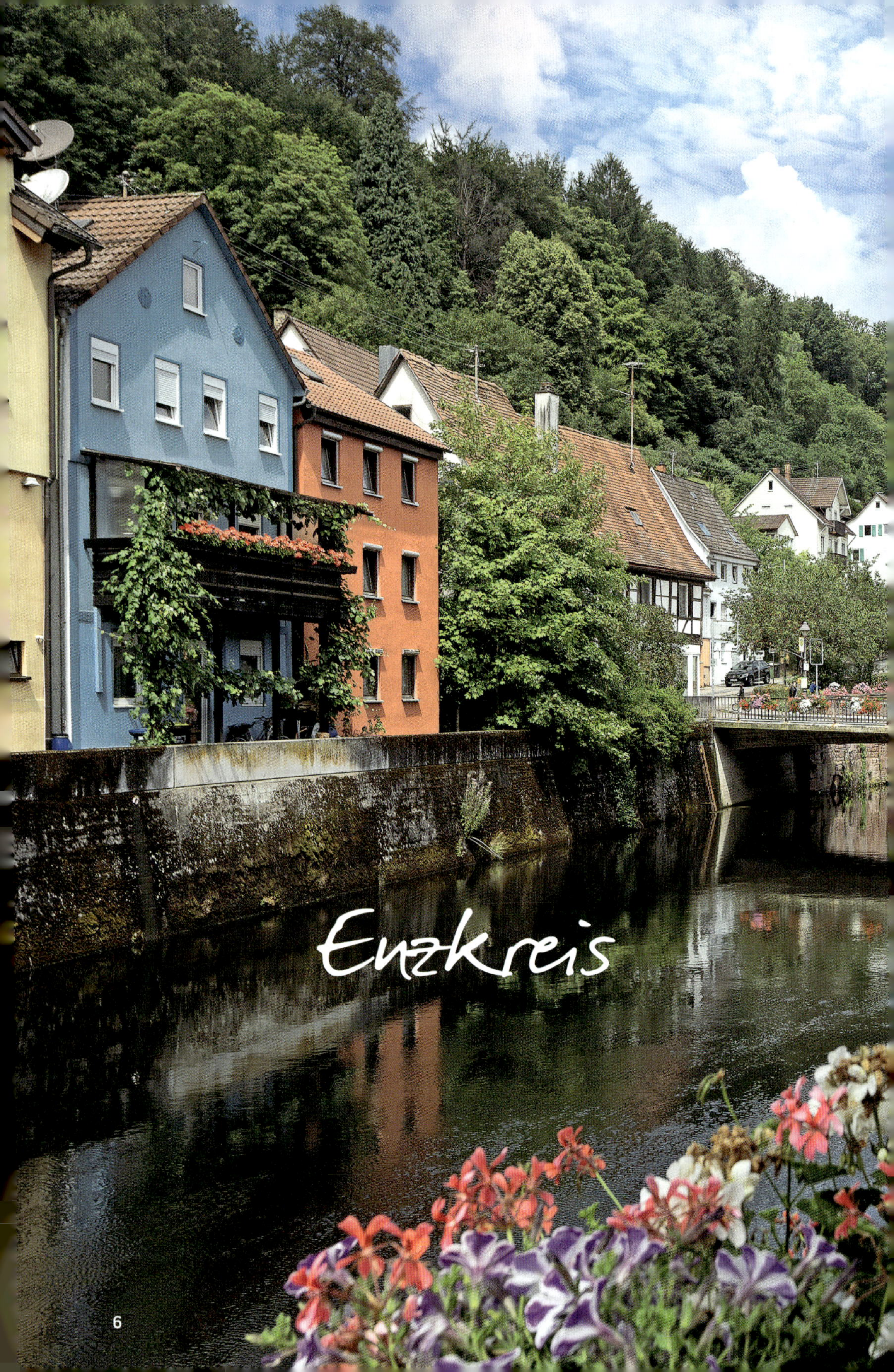

Enzkreis

Café wunderbar

In der *wunderbar* ist's einfach wunderbar

Mit wunderbarem Blick durch ein großes Panoramafenster sitzen wir im Café *wunderbar*, das in den Räumen einer ehemaligen Arztpraxis untergebracht ist. Schon vor 16 Jahren wollte Karin Wenz ein Café eröffnen, wurde dann aber schwanger mit ihrem Nachzügler. »Wo wir jetzt gerade sitzen, das war Sprechzimmer 2, dort drüben stand das EKG-Gerät, und die Küche war das Labor – sie ist auch heute noch unser Labor«, berichtet die Inhaberin lachend.

Karin Wenz ist Quereinsteigerin – sie war sieben Jahre lang als Schulsekretärin tätig. Da sie schon immer gern mit Menschen zu tun hat und gerne Gastgeberin ist, wagte sie den Schritt, das Café zu eröffnen. Für die Namensgebung lobte sie einen Wettbewerb in ihrem Bekanntenkreis aus – wer den finalen Namensvorschlag machte, sollte wahlweise eine Kiste Wein oder Bier bekommen. »Dann hat mir jemand den Namen *wunderbar* vorgeschlagen – er erinnerte mich an den Ort meiner Jugend, in dem es auch eine *wunderbar* gab; das war ein bisschen was Cooleres, um abends mal wegzugehen, und mittags gab es belegte Baguettes«, erinnert sich die Gastronomin. Und sie wusste sofort: Das ist es! Und oft, wenn sie ihre Gäste fragt, ob alles in Ordnung war, erhält sie die Antwort: »Es war wunderbar in der *wunderbar*!«

Dabei war der Anfang mehr als holprig. Nachdem Karin Wenz mit der Unterstützung von Freunden und des Vermieters in Eigenregie die ehemalige Arztpraxis umgebaut, liebevoll das Mobiliar zusammengetragen und ein behagliches Ambiente geschaffen hatte, kam direkt nach der Eröffnung im November 2020 der zweite Corona-Lockdown. »Wir haben dann Essen gekocht und außer Haus verkauft«, berichtet Karin Wenz. Auch jetzt noch gibt es einen Mittagstisch im Café – meist vegetarisch oder auch vegan. Das Team um Karin Wenz experimentiert und wagt viel – und den Gästen schmeckt es immer. »Manchmal fragen die Leute, was genau dieses oder jenes Gericht sei, aber sie lassen sich immer darauf ein und sind begeistert«, freut sich die Inhaberin. Ihre Mitarbeiterin Silke Rupp ist die gute Fee der Küche. »Ich koche nach veganen und vegetarischen

CAFÉ WUNDERBAR
Hohbergstraße 56 • 76337 Waldbronn-Etzenrot
Tel. 07243/531 49 35 • wunderbar-etzenrot.de
Öffnungszeiten: Mi/Do 9–14 Uhr, Fr 9–17 Uhr, Sa 9–12.30 Uhr

Silke Rupps Tipps

Von der *wunderbar* kann man Richtung Spielberg ausgedehnte Spaziergänge durch Wald und Wiesen unternehmen. Schöne Ziele sind u. a. die St.-Barbara-Kapelle in Langensteinbach (3–4 km) oder der Hermannsee in Ittersbach (5–6 km).

Rezepten aus dem Internet«, berichtet die gelernte Ergotherapeutin. Aber sie wandelt auch viel ab, improvisiert, optimiert und zaubert damit kreative Gerichte und Kuchen.

Dass das Meiste, was aus der Küche kommt, vegetarisch oder vegan ist, ist jedoch keine dogmatische Entscheidung. Vielmehr versucht das Team, mit Ersatzprodukten zu arbeiten, wobei auf große Anbieter bewusst verzichtet wird. »Allerdings würden wir auch keine Schwarzwälder Kirschtorte backen«, erklärt Silke Rupp lächelnd. Hierfür seien die Ersatzprodukte einfach nicht geeignet, es gäbe beispielsweise keinen Ersatz für Sahne, der sich so gut aufschlagen lasse, wie es für eine Schwarzwälder Kirschtorte notwendig sei.

Sollte doch einmal ein Gast das Tagesgericht nicht mögen oder eine Unverträglichkeit haben, gibt es immer eine Alternative. Silke Rupp hat drei Jahre lang in einer Kita vegetarisch gekocht, und diese Expertise bringt sie nun in die *wunderbar* mit ein. Die nachhaltigen Speisen und Backwaren werden ebenso selbstverständlich und ohne viel Aufhebens angeboten wie die regionalen Produkte, die im Café verkauft werden – beispielsweise kann man hier den Kaffee der Waldbronner *Rösterei Herzog* erwerben, Honig vom Imker aus der Region oder auch Nudeln und Eier aus einem Hofladen im Nachbarort.

Außerdem können im Laden Bücher gekauft werden, die Karin Wenz auf Kommission bezieht und auslegt: Neben der gemütlichen maritimen Sitzecke steht ein Bücherregal mit einer bunten Auswahl an Titeln. Auch Dekoartikel, Schmuck und Kunsthandwerk von Kunstschaffenden aus der Region liegen liebevoll drapiert in den Regalen. Eine Künstlerin bietet beispielsweise Schmuck und Metallkunst an, es gibt Gegossenes aus einer Art Gipsmaterial und Selbstgenähtes mit Schwarzwaldmotiven auf den Stoffen. Das Kunsthandwerk ist ein fester Programmpunkt im Café.

Ergänzt wird dieses Angebot durch regelmäßige Veranstaltungen: »Wir hatten schon Buchvorstellungen, Lesungen und sogar einmal eine Champagnerverkostung«, erzählt Karin Wenz. Zu diesen Abendveranstaltungen mit den verschiedensten Schwerpunkten hat das Café dann entsprechend länger geöffnet. Auch gibt es dazu eine kleine Speisekarte mit Salaten oder Antipasti sowie guten Weinen und Cocktails. »Wir hatten auch schon mal einen Koch da, der ein Dreigängemenü kreiert hat«, berichtet die Café-Betreiberin. »Aber da sind wir mit unserer Küche an die Grenzen gestoßen – es ist nun mal keine Großküche, sondern eben nur unser kleines ›Labor‹«, ergänzt sie.

Karin Wenz sitzt auf einem Sofa aus dem frühen 20. Jahrhundert, das der Oma ihres Mannes gehörte und heute ein Blickfang im gemütlich eingerichteten Café ist. Sie freut sich jeden Tag aufs Neue darüber, dass sich ihre Gäste in der *wunderbar* so wohlfühlen. »Diese Wirkung erzielen die Leute, die hier arbeiten und die mit Herzblut und Engagement bei der Sache sind«, strahlt die Chefin. Und die Mitarbeiter wiederum genießen es, frei improvisieren und ihrer Kreativität damit freien Lauf lassen zu können: »Niemand sagt: ›Das geht aber nicht.‹ Das genießen wir sehr!«

Im lichtdurchfluteten Raum kann man sich auch auf dem mit Original-Polstern bezogenen Oma-Sofa niederlassen. Die meisten Köstlichkeiten des Cafés sind vegan. In der gemütlichen, im mediterranen Stil gehaltenen Sitzecke kann man in Büchern schmökern.

Wunderbarer Streuselkuchen

Veganer Verwandlungskünstler

Zutaten

Für eine Springform (Ø 26 cm)

Für den Quark-Öl-Teig

300 g Dinkelmehl (Type 630)
1 Pck. Backpulver
70 g Zucker
Vanille
1 Prise Salz
120 g vegane Quarkalternative
100 ml Pflanzendrink
100 ml Öl (Mischung aus Raps- und Olivenöl)

Für den Belag

1 Pck. veganer Vanillepudding
750 g Zwetschgen

Für die Nussstreusel

50 g Mehl
50 g gemahlene Mandelkerne
100 g Zucker
1 Prise Zimt
70 g Pflanzenmargarine

Außerdem

Puderzucker nach Wunsch

Zubereitung

Backofen auf 160 °C Umluft oder 180 °C Ober-/Unterhitze vorheizen.

Die Zutaten für den Quark-Öl-Teig mit einem Löffel vermengen. Den weichen Teig in die Springform einfüllen und flach drücken.

Zwetschgen waschen, aufschneiden und entsteinen.

Den veganen Vanillepudding über den Teig gießen und die Zwetschgen darauf verteilen.

Für den Streuselteig alle Zutaten rasch miteinander verkneten und die Streusel gleichmäßig über dem Obst verteilen.

Den Kuchen bei 160 °C für etwa 40 Minuten backen, bis die Streusel hell gebräunt sind. Abkühlen lassen und nach Wunsch leicht mit Puderzucker überstäuben.

Variante

Man kann den Kuchen auch nur mit den Streuseln und ohne Füllung zubereiten.

Café LOLA

Seelenruhe in der Idylle

LOLA – für den Café-Namen gibt es gleich zwei Hintergründe: *LOLA* steht einerseits für einfach mal LOsLAssen, die Seele baumeln lassen, abschalten und entspannen. Dafür ist die Lage des Cafés am nördlichsten Rand des Schwarzwalds, umgeben von Wiesen, Bäumen und Pferdekoppeln, prädestiniert. Andererseits steht die Katze Lola der Inhaberin Judith Ochs Pate für die Namensgebung, denn »sie ist mein Seelentier und meine Inspiration.«

Die idyllische Location mit den alten Eichen vor dem Fenster fand Judith Ochs 2016. Zu diesem Zeitpunkt wohnte sie im Ort und hatte die ehemalige Lagerhalle erst einmal überhaupt nicht im Blick. »Ich bin auf meiner früheren Laufstrecke hier immer vorbeigekommen«, erinnert sie sich. »Und dabei habe ich oft gedacht, dass hier echt gar nichts los ist.«

Nach der Ausbildung zur Hotelfachfrau und anschließend zur Bankkauffrau und nach 25 Jahren bei einer Bank arbeitete Judith Ochs in einem Gourmetrestaurant, um zu erkennen, dass dies ihr Weg sein wird. Es folgte der komplette Umbau der alten Lagerhalle, in der es nicht einmal Elektrik oder Wasser gab. Judith Ochs ließ Wände einziehen und entfernen, und alte Schätze, die dabei zum Vorschein kamen, blieben erhalten. So zum Beispiel ein Stahlstützpfeiler, der sich als Relikt der ehemaligen Nähfabrik wunderbar in die moderne Optik des Cafés integriert.

Am 25. Juni 2018 wurde das *Café LOLA* eröffnet. Die Leute kamen vom ersten Tag an zahlreich. Aber: »Ich habe zweimal Corona mitgemacht, einmal drei Monate, einmal sieben Monate«, berichtet Judith Ochs. Letztendlich jedoch verhalf Corona zu der Struktur, die das *Café LOLA* heute hat. Denn: »Ich bin jetzt angekommen, so wie ich es mir vorgestellt habe – an der Stelle war ich zu Anfang nicht«, erklärt sie. In den ersten zwei Jahren sei ihr die Bude eingerannt worden, sodass sie sich oft fragte: »Oh je, was habe ich mir da angetan?« Denn eigentlich hatte sie es klein und fein haben wollen. Da die Räumlichkeiten es hergaben, richtete die Inhaberin viele größere Veranstaltungen aus. Nach zwei Jahren war die emsige Café-Betreiberin mit ihren Kräften am Ende. Im ersten Corona-Lockdown und der damit

CAFÉ LOLA
Am Windeck 1 • 76359 Marxzell-Burbach • Tel. 07248/929 40 90 • cafe-lola-burbach.de
Öffnungszeiten: Mi–Sa 9–13 Uhr

MAL
LOSLASSEN

verbundenen Auszeit konnte sich Judith Ochs besinnen, und sie stellte sich die Frage: »Was will ich überhaupt, warum bin ich hier angetreten, was ist meine Philosophie?« Nach der Wiedereröffnung reduzierte die Hotelfachfrau die Öffnungstage, beschränkte das Angebot auf das Frühstück, das sie in zwei Schichten anbietet und für das man reservieren muss. So ist der Tag personell und materiell sehr viel besser planbar.

»Ich bin eine One-Woman-Show«, lacht Judith Ochs. Sie hat zwar sieben Mitarbeiterinnen, aber das ganze Drumherum macht die Inhaberin alleine: putzen, einkaufen, planen und nicht zuletzt die leckeren Frühstücke herrichten. Hier ist alles selbst gemacht. Täglich gibt es frischen Obstsalat, ein eigenes Knuspermüsli, Birchermüsli, Konfitüre, Avocadocreme und viele Leckereien mehr. Alles aus regionalen Lebensmitteln und liebevoll angerichtet. Das Café wird wöchentlich vom nahen Edeka beliefert, Eier und den Käse für das mediterrane Frühstück kauft Judith Ochs im Hofladen des Nachbarorts. Die Brötchen kommen vom heimischen Bäcker, der Kaffee stammt aus der *Rösterei Herzog* in Waldbronn – von ihr bezieht Judith Ochs eine eigene Röstung namens »LOLA-Cuvée«, die auf ihre Wünsche hin abgestimmt ist.

Im Eingangsbereich steht ein Regal gefüllt mit regionalen Produkten wie selbst gemachter Konfitüre, kreativem Kunsthandwerk von einer Bekannten, Näh- und Strickarbeiten einer Mitarbeiterin, Seifen, Tinkturen und Cremes oder Schmuckarbeiten von Kundinnen, und Judith Ochs stellt oft ihren Knuspermix

Aus einem alten Bett wurden zwei Sitzbänke herausgesägt, die passenderweise den Namen »Bed and Breakfast« tragen. Eine von vielen Kaffee-Zubereitungsarten ist die Siebträgermaschine. In diesem behaglichen Ambiente muss man sich einfach wohlfühlen!

und selbst gemachte Konfitüren mit dazu – »und die Gäste freuen sich, wenn sie noch eine Kleinigkeit von hier mitnehmen können«, weiß sie aus Erfahrung.

Auch um die Deko kümmert sich die Café-Betreiberin selbst und verändert diese immer wieder gern. »Ich verbringe sehr viel Zeit in diesem Café, da will ich mich selbst wohlfühlen – und das Gleiche gilt natürlich auch für meine Gäste.« Das Mobiliar hat sie über Jahre hinweg gesammelt und in ihrer Garage aufbewahrt. Es stammt beispielsweise aus Haushaltsauflösungen. Eine besondere Attraktion ist ein altes Bett, das auseinandergesägt wurde und aus dem zwei Sitzbänke hergestellt wurden – diese Sitzecke heißt bezeichnenderweise »Bed and Breakfast«.

Das *Café LOLA* bietet zwei kulinarische Highlights an: Das ist zum einen ein selbst kreierter Avocado-Toast, der aus Vollkornbrot mit Avocadocreme, Avocadoscheiben und einem Omelett besteht – diese Köstlichkeit gibt es auch als vegane Version. Zum anderen wird der Milchkaffee hier auf ganz besondere Art und Weise und als Geheimtipp des Rösters zubereitet: Der Espresso wird mit der Milch zusammen aufgeschäumt – auf diese Weise genießt man den herrlich samtig weichen Kaffeegeschmack im wahrsten Sinn des Wortes rundum. »Hierfür braucht man aber eine spezielle Röstung«, erklärt die Expertin. Wunderbar ist auch die Zubereitung des Filterkaffees, den man sich auf der Theke frisch aufbrühen lassen kann – eines von vielen schönen Events in diesem entschleunigenden Umfeld.

Judith Ochs' Tipp

Vom Café LOLA über Moosbronn und Gaggenau in 20 Min. nach Baden-Baden fahren und über die Lichtentaler Allee zum Kloster Lichtental spazieren, wo es die weltbesten Waffeln gibt. Vor allem im Frühjahr zur Magnolienblüte ist die Lichtentaler Allee ein Traum!

LOLAs Avocado-Toast

Beliebte Eigenkreation

Zutaten
Für 2 Portionen

2 Avocados
1 EL Zitronensaft
2 Tomaten
2 Frühlingszwiebeln
200 g körniger Frischkäse
Chilisalz
schwarzer gemahlener Pfeffer
4 Eier
2 Scheiben Vollkornbrot

Zubereitung
Für die Avocadocreme beide Avocados schälen und die Kerne entfernen. Das Fruchtfleisch der einen Avocado in acht Scheiben schneiden und das Fleisch der anderen mit 1 EL Zitronensaft fein pürieren.

Beide Tomaten fein würfeln und die Frühlingszwiebeln fein schneiden. Jeweils die Hälfte der Tomatenwürfel und der Frühlingszwiebelringe mit dem Frischkäse und der Avocadocreme vermischen und mit Chilisalz und etwas Pfeffer abschmecken.

Aus den mit Salz und Pfeffer verschlagenen Eiern in der Pfanne zwei Omeletts herausbacken.

Pro Portion eine große Brotscheibe mit der Avocado-Frischkäse-Creme bestreichen und mit vier Scheiben frischer Avocado sowie jeweils einem Omelett belegen. Die restlichen Tomatenwürfel und Frühlingszwiebeln über beide Portionen verteilen.

AHAVA
TESTER
TRY ME
SIND
DIE MENSCHEN
MIT DENEN
FAMILIE
ICH LEBE, UND IHR SOLLT
AUCH LEBEN.

Kreuzundquer

Herzliches Verwöhnprogramm

Das Kreuz im Namen *Kreuzundquer* steht für den Glauben der Inhaberin Tabea Förschler und ihrer Mitarbeiter, und das Quer mit dem auffällig langen Querbalken ist Sinnbild für das umfangreiche Sortiment des Cafés. In Wohnzimmeratmosphäre kann man fantastische Frühstücke genießen, umgeben von einem liebevoll zusammengetragenen Sortiment an Deko- und Geschenkartikeln, Kosmetik, einer feinen Gourmet-Auswahl und Büchern. Vervollständigt wird das Angebot durch regelmäßige Veranstaltungen wie Lesungen oder kleine Konzerte, zu denen es immer auch etwas zu essen und einen Prosecco oder Orangensaft gibt.

»Das Café war ein jahrzehntelanger Traum von mir«, erzählt Tabea Förschler, die von Beruf medizinische Fachangestellte ist. Für sie ist das stimmig, denn sowohl in ihrem ursprünglichen Tätigkeitsfeld als auch in ihrer Funktion als Café-Betreiberin tue sie Dienst am Menschen, das ist ihr wichtig. Und dass sie dies im *Kreuzundquer* in besonderem Maße praktiziert, wird ihr von den Gästen bestätigt. »Viele geben uns die Rückmeldung, dass es sehr schön und warmherzig bei uns ist«, freut sich Tabea Förschler. »Wir sind einfach alle freudig-fröhlich bei der Sache.«

Das Team besteht aus der Inhaberin und vier Mitarbeiterinnen, die ehrenamtlich im *Kreuzundquer* arbeiten. Nicht nur dabei macht sich die christliche Gesinnung bemerkbar. Kaffee, Tee und Kuchen gibt es im Café auf Spendenbasis, jeder gibt, was er kann, und der Inhalt der Spendenkasse geht dann an soziale Projekte. Jede der Mitarbeiterinnen backt mal etwas, und nur die Frühstücke haben einen festen Preis. Diese werden liebevoll auf Etageren angerichtet: lauter Köstlichkeiten, vom bunten Obstsalat im Gläschen über ansprechend drapierten Parmaschinken bis zum Lachs und den Shrimps im Skandinavischen Frühstück, alles garniert mit essbaren Blüten – so werden zuerst die Augen und später der Gaumen verzaubert. Es gibt zu allem, was man Leckeres im *Kreuzundquer* serviert bekommt, immer auch noch etwas Besonderes dazu, gern auch mal ein Erdbeer- oder Mandarinentörtchen (siehe Rezept), das einem auf der Zunge zergeht. So ist es leicht nachvollziehbar, dass es Stammkunden aus

KREUZUNDQUER – BÜCHER, GESCHENKE UND MEHR
Ottenhäuser Straße 1 • 75305 Neuenbürg • Tel. 07082/940 26 90 • kreuz-und-quer.com
Öffnungszeiten: Mi 10–13 Uhr, Do/Fr 10–18 Uhr, Sa 9–14 Uhr

Böblingen, Karlsruhe und Pforzheim ins *Kreuzundquer* nach Neuenbürg zieht. Sogar für die Kinder der Kunden, die in Ruhe einkaufen möchten, ist gesorgt: »Im Sommer haben wir für die Kinder immer ein Eis da«, erzählt Tabea Förschler, und in der Kinderecke kümmern sich die Mitarbeiterinnen um die Kleinen.

Zeit und Ruhe braucht man, wenn man das gesamte umfangreiche Sortiment betrachten möchte. Neben den Geschenk- und Dekoartikeln und den überwiegend christlichen Büchern gibt es im Gourmetbereich Balsamico, hochwertiges Olivenöl, Tartufi, Risotto, Pesto und ETTLI-Tee aus einer Kaffee- und Teemanufaktur aus Ettlingen bei Karlsruhe. Besonders stolz ist die Inhaberin auf ihre auf empfindliche Haut abgestimmte Kosmetik mit Inhaltsstoffen aus dem Toten Meer. »Das ist alles vegan und frei von Tierversuchen, ohne Konservierungs- oder Duftstoffe«, erklärt sie. Die intensive Beratung der Vertreterin kann Tabea Förschler inzwischen gut an ihre Kunden weitergeben.

Inzwischen kommen die Großhändler auf die Inhaberin zu und bieten ihre Waren an. Als das *Kreuzundquer* 2015 seine Pforten öffnete, war das noch nicht so: »Anfangs mussten wir auf Messen ganz viel bei den Händlern einkaufen, um überhaupt angenommen zu werden«, erinnert sich Tabea Förschler. Dass viele Vertreter inzwischen auf sie zukommen, das habe mehrere Jahre gedauert. »Die Kunden würden hier am liebsten alles kaufen«, lacht die Café-Betreiberin, manchmal sogar das Inventar. »Und deshalb verkaufen wir jetzt einfach alles, auch mal ein Serviertablett. Alles, außer uns«,

Liebevoll eingedeckter Frühstückstisch. Auf den Etageren wird das Frühstück angerichtet, und es gibt immer eine Leckerei als Überraschung dazu. Egal, ob Inventar, Deko oder Verkaufsware – wenn der Kunde etwas kaufen möchte, bekommt er es.

fügt sie hinzu. Das Service von Hutschenreuther, für dessen Anschaffung einst die Schwiegermutter sorgte und das Tabea Förschler irgendwann aus dem privaten Gebrauch aussortierte, findet im *Kreuzundquer* eine zweite Verwendung – und auch das wollen Kunden manchmal kaufen.

Bei alledem möchte die aktive Christin jedoch keinen Gewinn erzielen. »Das nimmt den Druck heraus, jemandem etwas unbedingt verkaufen zu müssen«, erklärt sie. So, wie es jetzt im *Kreuzundquer* gehandhabt wird, sei es viel persönlicher, und die Leute freuten sich, wenn sie beim zweiten oder dritten Besuch mit ihren Namen angesprochen würden. Das sei sehr viel mehr wert, als Gewinn erzielen zu müssen, meint Tabea Förschler, der die Großzügigkeit laut ihrer Mutter bereits in die Wiege gelegt wurde.

Sie ist dankbar für ihren Laden mit dem Café. »Ich habe so viele Wunder erlebt, dass ich gedacht habe, das ist fast schon zu viel.« Zum Beispiel habe sie über Kleinanzeigen eine Geschenkpackstation in Rostock gekauft, und der Verkäufer wollte die sperrige Station per Spedition verschicken. »Offenbar hatte er recherchiert, wohin er das schicken sollte«, mutmaßt Tabea Förschler. Denn er hatte die Station bereits losgeschickt, ohne dass sie vorher bezahlt war, und die nicht ganz unerheblichen Speditionskosten sogar selbst übernommen, erinnert sie sich gern. Bei so viel Herzlichkeit und Zugewandtheit ist es auch nicht überraschend, dass so viele Gäste und Kunden von weit herkommen, um diesen besonderen Ort zu besuchen.

Tabea Förschlers Tipp

Lohnenswert ist ein Besuch des Schlosses Neuenbürg mit seinem Museum, in dem das Märchen »Das kalte Herz« inszeniert wird. Anschließend durch den Wald zum Bergwerk spazieren, wo auch eine bewirtschaftete Hütte lockt.

Erdbeer-Frischkäse-Törtchen

Fruchtiger Traum

Zutaten

Für 9 Dessertringe (Ø 6 cm)

Für den Biskuit

4 Eier
120 g Puderzucker
etwas Abrieb von 1 unbehandelten Zitrone
1 EL Zitronensaft
70 g Mehl
30 g Speisestärke

Für die Creme

250 g Sahne
2 Pck. Sahnesteif
300 g Doppelrahmfrischkäse
etwas Puderzucker nach Belieben
2 EL Zitronensaft

Außerdem

300 g Erdbeeren
Puderzucker zum Bestäuben (nach Belieben)

Zubereitung

Für den Biskuit die Eier trennen. Das Eiweiß mit 60 g Puderzucker steif schlagen. Das Eigelb mit dem restlichen Puderzucker, dem Zitronenabrieb und dem Zitronensaft cremig rühren und den Eischnee unterheben. Mehl und Speisestärke vermischen und über die Eigelbmasse sieben. Vorsichtig unterheben.

Den Backofen auf 180 °C (Umluft) vorheizen.

Den Teig auf ein mit Backpapier belegtes Backblech (ca. 35 x 27 cm) gießen, gleichmäßig verstreichen und etwa 10–12 Minuten hellbraun backen (Stäbchentest).

Auskühlen lassen und anschließend mit Hilfe eines Dessertrings (Ø 6 cm) aus dem Biskuit 18 Kreise ausstechen. 9 Dessertringe mit je einem Biskuitboden auslegen.

Für die Creme die Sahne mit dem Sahnesteif steif schlagen. Den Frischkäse mit etwas Puderzucker und Zitronensaft verrühren und die Sahne unterheben.

Die Erdbeeren waschen, trocken tupfen und putzen. 9 Erdbeeren für die Dekoration beiseitelegen. Die anderen Früchte halbieren und mit der Schnittfläche nach außen in die Dessertringe setzen; restliche Erdbeerhälften in die Mitte setzen.

Die Ringe mit der Frischkäsecreme auffüllen und diese dabei etwas nach unten drücken. Obenauf mit den übrigen Biskuitböden belegen.

Die Törtchen mindestens 3 Stunden in den Kühlschrank stellen.

Zum Servieren die Törtchen aus den Ringen lösen und – falls gewünscht – mit Puderzucker bestäuben. Mit den beiseitegelegten Erdbeeren dekorieren.

Primavera

Erlebniswelt in der Glücksgemeinde

Ulrike Mayrhofer ist die Inhaberin des *Primavera* in der Glücksgemeinde Schömberg. Glücksgemeinde deshalb, weil Schömberg die Lebensqualität seiner Bürgerinnen und Bürger nachhaltig verbessern möchte – und wohin könnte das Konzept des *Primavera* besser passen, als in diese Gemeinde? »Am Anfang steht immer der Mut, denn es kann keiner sagen, ob es gelingt.« Was Ulrike Mayrhofer mit so viel Mut, mit Fleiß und Leidenschaft geschaffen hat, macht ihre Gäste und Kunden einfach glücklich – die Kombination aus Café, Geschenkartikel-Verkauf und den beiden Wohlfühl-Oasen Salzgrotte und Solevitarium dürfte in dieser Form wohl einzigartig sein.

»Ich habe große Freude daran, dass alles so aus dem Herzen gewachsen ist«, strahlt die Inhaberin, die vor zehn Jahren den Schritt von einem 45 Quadratmeter großen Teeladen in die Räumlichkeiten einer ehemaligen *Schlecker*-Filiale mit sage und schreibe 350 Quadratmetern wagte. Anfangs teilte sie sich die Fläche noch mit einer Blumenhändlerin, doch seit diese 2019 aus dem Laden ausgestiegen ist, bestückt Ulrike Mayrhofer die Fläche ganz alleine – und das so vielfältig und abwechslungsreich, dass man aus dem Staunen nicht herauskommt.

Das *Primavera* steht auf mehreren Beinen, die sich laut Inhaberin gegenseitig befruchten: Da gibt es das Café, in dem wundervolle Frühstücke auf Etageren angerichtet serviert werden. Den Großteil der Ladenfläche nehmen die liebevoll dekorierten und thematisch schön sortierten Geschenkartikel ein. Dazwischen befinden sich immer wieder die Sitzgelegenheiten des Cafés – es gibt den Bereich mit Blick auf die Straße und die gegenüberliegende Kirche, oder man kann sich mit Tee, Kaffee, Kuchen oder Frühstück auch in der Genuss- oder der Entspannungsecke niederlassen. Besonders schön und ein bisschen wie im Märchen sitzt es sich im Pavillon.

Später kam die Salzgrotte zum Konzept hinzu. Die ausgebildete Krankenschwester, befasste sich nach dem wohltuenden Besuch einer Salzgrotte am Bodensee intensiv mit dem Thema Salz. »Man muss die Leute überraschen und ungewöhnliche Kombinationen suchen«, lacht Ulrike Mayrhofer. Also errichtete sie kurzerhand

PRIMAVERA
Liebenzeller Straße 5 • 75328 Schömberg • Tel. 07084/926 25 • primavera-online.de
Öffnungszeiten: Mo–Sa 9–19 Uhr

Ulrike Mayrhofers Tipp

Der Aussichtsturm Himmelsglück in Schömberg bietet tolle Ausblicke auf den Nordschwarzwald – zu erreichen ist die Plattform in 50 m Höhe über 300 Stufen oder barrierefrei mit dem Panorama-Aufzug. Abenteuerlustige lockt dann die rasante Abfahrt mit dem Black Forest Flying Fox, etwas gemütlicher geht's mit der Flyline (waldflug.de).

im hinteren Bereich ihres Laden-Cafés eine behagliche Salzgrotte. Von den Mitarbeitern des *Primavera* in Decken gepackt, mit Wärmflaschen ausgestattet und auf bequeme Liegestühle gebettet, können Besucher eine Stunde in der Salzgrotte verweilen, sich so etwas Gutes tun und dem Alltagsstress entfliehen.

Nach der Salzgrotte gab es weitere Überlegungen: »Was passt noch zum Thema Gesundheit?« Inspiriert von der guten Luftqualität des Kurorts Schömberg hatte die Betreiberin die Idee, ein Solevitarium mit ins Gesamtkonzept zu nehmen. Auch hierfür ist ein gemütlicher Raum im hinteren Teil des Laden-Cafés entstanden. Aus der Decke strömen gefilterter, hundertprozentiger Sauerstoff und fünfprozentiger Sole-Dampf. Man sitzt auf einem passgenauen Infrarot-Sitz. »Diese Kombination aus Infrarot, Sole und Sauerstoff gibt es so sonst nirgendwo«, darauf ist Ulrike Mayrhofer sehr stolz. Der ganze Körper regeneriert sich und die Besucher fühlen sich anschließend wie nach einem Tag Urlaub.

Die Inhaberin möchte für alle Gäste eine Erlebniswelt präsentieren. »Die Verknüpfung von Essen und Entspannung ist bei uns die Regel«, freut sie sich. Zum liebevoll zubereiteten Frühstück, der Pralinenauswahl und dem selbst gebackenen Kuchen gesellt sich ab 15 Uhr eine tägliche »Tee-Party« – »so richtig mit Süßigkeiten und Sandwiches nach englischem Vorbild«, erläutert die kreative Dame des Hauses dieses regelmäßige Event.

Ihre Expertise in Sachen Tee bindet sie ebenfalls weiterhin mit ein. Am Anfang, als Ulrike Mayrhofers Laden noch in dem viel kleineren Raum untergebracht war, bemerkte sie bereits, dass die Leute wenig über Tee wissen. So beschloss sie den Menschen dieses Thema näherzubringen. »Wenn ich was mache, dann mit Herzblut«, erklärt sie. So sei sie dann zu Frauenfrühstücken und Nachmittagskränzchen gegangen, habe viele Sachen zum Probieren dabeigehabt, den Raum immer schön beduftet und sich sehr viel Mühe gegeben – »und die Leute waren immer begeistert«, freut sie sich noch heute. So wuchs vor mehr als zehn Jahren der Wunsch nach größeren Räumlichkeiten, in denen auch Seminare angeboten werden konnten. Eigentlich erschien ihr die Fläche des ehemaligen *Schleckers* viel zu groß, denn Ulrike Mayrhofer wollte lieber bodenständig bleiben. Anfangs fragte sie sich angesichts der schon lange leerstehenden Drogerie-Filiale, wie man hier wohl die richtige Atmosphäre schaffen könnte …

Und es ist ihr gelungen: In dem heimeligen Ambiente mit der ansprechenden Deko, ihrer Gastfreundschaft, den Angeboten für Körper und Seele kann man sich nur wohlfühlen. Das Mitarbeiterteam ist freudig bei der Sache, das ist Ulrike Mayrhofer sehr wichtig. »Wir haben ein gutes Miteinander, alle sollen sich wohlfühlen und das Konzept leben«, erklärt die Chefin. Die Mitarbeiter dürfen auch bei der Auswahl der Waren mit entscheiden. So darf Ulrike Mayrhofer sich über ein recht konstantes Stammteam freuen, das dazu beiträgt, für die Besucher dieses besondere Einkaufs- und Genusserlebnis im *Primavera* zu generieren.

Frühstücken mit Blick auf die gegenüberliegende evangelische Kirche von Schömberg.
In den schönen Accessoires aus dem Schwarzwald lässt es sich herrlich stöbern.
Von den Mitarbeitern in Decken gehüllt, entspannen sich die Gäste in der Salzgrotte.

Müsli-Träumerle

Lieblingsfrühstück der *Primavera*-Kunden

Zutaten
Für 6 Portionen

1 kleiner Apfel
1 Banane
200 g Sahne
500 g Naturjoghurt
4 EL Crunchy-Müsli Multi-Frucht

Zum Garnieren
1 Handvoll Beeren der Saison

Zubereitung
Apfel schälen, Kerngehäuse entfernen, Fruchtfleisch klein schneiden. Banane schälen, Fruchtfleisch längs halbieren und klein schneiden.

Die Sahne sehr steif schlagen und den Naturjoghurt locker unterheben.

Früchte und Crunchy-Müsli unter die Sahne-Joghurt-Masse rühren.

Zum Servieren das fertige Müsli-Träumerle in kleine Schälchen füllen und mit Beeren garnieren.

Kaffee-Manufaktur Bad Wildbad

Zu Gast in der Gläsernen Produktion

Schon im Fahrstuhl, der die Gäste der *Kaffee-Manufaktur* hinauf in den zweiten Stock befördert, duftet es verführerisch. Und spätestens beim Betreten des modern gestalteten Cafés spürt man, dass man eine genussvolle Zeit vor sich hat. Seit Oktober 2017 wird in dieser Etage des alten Postgebäudes Kaffee geröstet. »Unser Vater hat das Gebäude gekauft, hier waren ursprünglich Büros untergebracht«, erzählen die Schwestern Franziska und Rebekka Maisenbacher, Inhaberinnen der *Kaffee-Manufaktur*. »Als die Büros die Räumlichkeiten verließen, hat das gerade gepasst in unsere beruflichen Neuorientierungen«, ergänzt Rebekka Maisenbacher.

Franziska Maisenbacher ist studierte Germanistin und arbeitete als Buchhalterin, ihre Schwester Rebekka kommt aus dem Marketing-Bereich und der Vater aus der IT-Branche. »Wir sind alle Quereinsteiger«, erzählt die Marketing-Fachfrau lachend. Die beiden Schwestern absolvierten zunächst eine Kaffeeröster-Fortbildung in Norddeutschland, dann belegte Franziska zusätzlich einen Barista-Kurs und Rebekka hängte noch die Ausbildung zur Konditormeisterin an. »In meinem Bürojob hat mir der Bezug zu etwas Handfestem gefehlt«, erklärt Franziska. Und Rebekka fügt hinzu: »Am Ende des Tages, wenn man stundenlang Kaffeesäcke rumgeschleppt hat, weiß man eher, was man getan hat, als wenn man Excel-Sheets hin- und hergeschoben hat.«

Das Geschwisterpaar führt die Rösterei mit großer Leidenschaft. Begeistert erzählen die beiden von den verschiedenen Kaffeesorten, den diversen Geschmacksrichtungen und der Möglichkeit, durch Experimentieren wunderbare neue Mischungen zu generieren. Die *Kaffee-Manufaktur* bezieht ihre Bohnen von allen Kontinenten außer aus Australien – über einen Zwischenhändler, aber Fair Trade und sogar biozertifiziert. »So, wie der Boden beschaffen ist,

KAFFEE-MANUFAKTUR BAD WILDBAD
König-Karl-Straße 102 • 75323 Bad Wildbad
Tel. 07081/9579981 • kaffeemanufaktur-bw.de
Öffnungszeiten: Di–So 11–18 Uhr

WILDBADER BOHNE
KAFFEE
und
Liebe
GIESEN

Unser Tipp

Wir empfehlen einen Ausflug in die unberührte Natur rund um Bad Wildbad. Die Wanderungen Richtung Eyachtal (über Dobel) sind dabei absolute Highlights – man hat das Gefühl, durch einen Märchenwald zu wandern.

so schmecken auch die Bohnen«, erklärt Rebekka Maisenbacher. »Es sind immer andere Aromen dabei, deshalb haben wir ein gutes, breitgefächertes Sortiment – die eine Bohne hat mehr Körper, die andere mehr Röstaromen und die dritte mehr Säure oder eine fruchtige Note«, erläutern die Fachfrauen. Besonders stolz sind sie auf ihre sogenannten Blends. Vergleichbar mit den Cuvées bei Weinen sind das Kaffeemischungen, die hier in Bad Wildbad selbst zusammengestellt werden, um damit Kaffees zu verbessern beziehungsweise die Stärken und Schwächen einzelner Bohnen auszugleichen.

Passend zu den Eigenkreationen entwirft die Inhaberfamilie auch die Etiketten selbst mit passenden Namen, wie etwa die »Sommerbergmischung« oder, gemäß dem Straßennamen, die »König-Karl-Mischung«. »Mit diesem regionalen Bezug haben die Leute einen besseren Zugang zu den Produkten«, betont Franziska Maisenbacher. Auch spezielle Muttertags- oder Weihnachts-Kaffeesorten bekommen ein eigenes Etikett.

Das Hauptaugenmerk der *Kaffee-Manufaktur* liegt auf dem Rösten, weshalb viel Wert auf die Schauproduktion gelegt wird: Durch eine große Glasfront können Besucher den Röstvorgang verfolgen. Daneben gibt es das Café mit dem stylischen Sitzbereich und der Theke mit großem Kuchen-, Torten- und Gebäckstück-Angebot – alles selbst gebacken. »Das Angebot ist immer unterschiedlich«, erklärt die Konditormeisterin. Sie hat in ihrem Sortiment sogar eine vegane Schwarzwälder Kirschtorte, was eine Rarität ist. Die angebotene Schokolade ist ebenfalls selbst hergestellt, die Rohstoffe dafür stammen aus Frankreich und sind aus fairem Handel, teilweise auch biozertifiziert. Auch Pralinen aus einer Manufaktur in Bad Liebenzell werden angeboten.

Ein weiteres Standbein des Familienunternehmens sind Events, Workshops und Schnupperkurse. In den Kursen wird kleineren Gruppen nähergebracht, woher der Kaffee kommt, der Röstvorgang wird erläutert und schließlich gibt es eine Verkostung, bei der auf die unterschiedlichen Zubereitungsarten eingegangen wird. »Wir gehen auch zu Firmenevents und nehmen dann unser Kaffee-Mobil mit, einen selbst konstruierten Holzwagen mit einem Siebträger drauf«, berichtet Franziska Maisenbacher.

Auch die Nachhaltigkeit kommt nicht zu kurz in der *Kaffee-Manufaktur*. Wurde Kunden schon früher die Möglichkeit gegeben, Kaffee in mitgebrachte Dosen abfüllen zu lassen, so ist der Familie Maisenbacher jetzt mit der Einführung einer Pfandflasche noch einmal etwas ganz Besonderes geglückt: Die Flaschen können sowohl in der Manufaktur als auch im Einzelhandel zurückgegeben werden.

Es hat sich also einiges getan während der sechs Jahre, in denen es die *Kaffee-Manufaktur* nun schon gibt: »Anfangs haben die Kunden sehr vorsichtig erst einmal die kleinen 350-Gramm-Packungen genommen«, erinnert sich Franziska Maisenbacher. »Heute rufen sie an und bitten darum, dass man ihnen Fünf-Kilogramm-Säcke zum Abholen herrichtet.« Eine sehr schöne Bestätigung für den Fleiß und das Herzblut, das die Familie Maisenbacher in ihre besondere Manufaktur steckt!

Im modernen Ambiente, umgeben von den eigenkreierten Kaffeesorten der Manufaktur, lässt es sich genießen. Alles dreht sich ums Rösten von Kaffeebohnen. Schokolade aus Zutaten aus fairem Handel und biozertifiziert wird ebenfalls selbst hergestellt.

Hausgemachter Eiskaffee

Erfrischung an heißen Sommertagen

Zutaten

Für 1 Glas (400 ml)

300 ml Filterkaffee
250 g Sahne
2 Kugeln Vanilleeis, am besten Bio-Qualität
etwas Kakao- oder Trinkschokoladenpulver zum Bestäuben

Zubereitung

Den Filterkaffee frisch brühen und in einem Messbecher oder einer Milchflasche am besten über Nacht im Kühlschrank abkühlen lassen.

Am nächsten Tag die Sahne mit dem Handrührgerät, der Küchenmaschine oder in einem Sahnesiphon steif schlagen (es wird kein Sahnesteif benötigt!).

Das Vanilleeis ins Glas geben und den kalten Filterkaffee langsam über das Eis bis etwa 1 cm unter den Glasrand gießen. Dann die geschlagene Sahne mit einem Esslöffel auf den Eiskaffee im Glas portionieren.

Zum Servieren nach Belieben mit etwas Kakao- oder Trinkschokoladenpulver überstäuben.

Hinweis

Grundsätzlich kann jeder Kaffee als Basis für den Eiskaffee verwendet werden. Empfohlen werden besonders fruchtige oder auch schokoladige Sorten für den besten Geschmack.

Schokoladiger Moccaccino

Süße Sünde

Zutaten

Für 1 Tasse (300 ml)

120 ml kalte Milch (alternativ pflanzliche Variante, aber Barista-Version)
30 g Zartbitterschokolade (mind. 60 % Kakaoanteil)
50 ml gebrühter Espresso

Außerdem

etwas Kakaopulver zum Bestäuben

Zubereitung

Die kalte Milch erhitzen (nicht kochen!). Die Zartbitterschokolade in die Tasse geben und mit einem kleinen Teil der heißen Milch aufschlämmen.

Den Espresso kochen (alternativ geht auch ein starker Kaffee) und über die aufgelöste Schokolade in die Tasse geben. Alles miteinander verrühren, dann mit der restlichen heißen Milch auffüllen bis kurz unter den Tassenrand.

Zum Servieren nach Belieben mit etwas Kakaopulver überstäuben.

Café Jats

Hausgemachtes an der Enz

Man fühlt sich wie in ein englisches Dorf versetzt, wenn man die Hausfront des Dreiergespanns betrachtet, denn die Fassade erinnert an ein englisches Pub – nur die großen knallgelben und bunt bepflanzten Blumentöpfe, die den Eingangsbereich des *Cafés Jats* flankieren, muten so gar nicht englisch an: Ganz links im Gebäude-Ensemble befindet sich das seit Langem in Bad Wildbad ansässige Gasthaus *Wildbader Hof*, in der Mitte das Frühstückscafé *NEG-Breakfast*, und ganz rechts das wunderschöne, liebevoll geführte *Café Jats*. Die drei Gastronomiebetriebe gehören der Familie Pfeiffer, Tochter Tanja Pfeiffer ist die Inhaberin des *Café Jats* – und dort eine One-Woman-Show: »Ich mache alles selber«, betont die Konditormeisterin, von der Pralinen- und Schokoladenherstellung über die täglich variierenden Kuchen und Torten bis hin zu Auftragsarbeiten wie Hochzeits- oder Geburtstagstorten wird alles von der Chefin persönlich handgefertigt.

Die Café-Betreiberin bezeichnet sich selbst als kreativ, aber nicht künstlerisch begabt. Dass sie kreativ ist, beweisen Fotos von Auftragstorten: Ob zur Hochzeit, zum runden Geburtstag oder zur Geburt eines Babys – wenn man diese Kunstwerke sieht, hat man große Zweifel an der Aussage der Konditormeisterin, dass sie nicht künstlerisch begabt sei. »Für mich ist es ein großer Ansporn, wenn der Kunde noch gar keine Vorstellung davon hat, wie seine Torte aussehen soll«, erklärt Tanja Pfeiffer. Dann kann sie auch mal etwas anderes ausprobieren und ihrer Kreativität freien Lauf lassen.

Wie aber schafft es eine einzelne Frau, all das alleine zu managen? »Morgens früh aufstehen«, kommt die spontane Antwort. Tanja Pfeiffers Arbeitstag beginnt zwischen 4 und 5 Uhr morgens. »An guten Sonntagen verkaufe ich 15 bis 18 Torten und Kuchen«, erzählt sie nicht ohne Stolz. An normalen Wochentagen seien es »nur« acht bis neun. »Vorbereitung ist das A und O dabei«, lautet die Devise der jungen Gastronomin, die stets Mürbeteig oder Biskuitteig auf Vorrat hat, was beim täglichen Backen enorm hilfreich ist. Ihre Wirkstätte befindet sich in der Küche des elterlichen Betriebs im *Wildbader Hof*, wo Tanja Pfeiffer

CAFÉ JATS

König-Karl-Straße 45 • 75323 Bad Wildbad • Tel. 07081/939 04 30 • cafejats.de
Öffnungszeiten: Mi–Mo 11–18 Uhr

nicht nur backt, sondern auch Schokolade und Pralinen herstellt. Allein zwölf eigene Pralinensorten bietet sie in ihrem Café an, eine köstlicher als die andere.

Ihre Ausbildung absolvierte sie in Freudenstadt im *Café Müller*. »Ich wollte weg aus Bad Wildbad, weil die Familie hier so bekannt ist. Aber bei der Prüfung in Freudenstadt kannte ich dann doch alle drei Prüfer persönlich«, erzählt die Inhaberin lachend. Ihr war von vornherein klar, dass sie nach Bad Wildbad zurückkehren würde – dort hat sie einfach ihre Wurzeln. »Dass man uns hier kennt, hatte bei der Eröffnung meines Cafés Vorteile. Die Leute dachten, dass die Tochter vom *Wildbader Hof* schon keinen Blödsinn machen würde«, lächelt sie. So weiß sie seit der Eröffnung des stilvoll eingerichteten Cafés die Unterstützung und Hilfsbereitschaft der Wildbader zu schätzen. »Am Anfang habe ich hier mit einem Schreiner zusammen alles selbst umgebaut«, erzählt Tanja Pfeiffer stolz. Der Schreiner fertigte auch die Tische, aber fraglich war, woher man die Sitzgelegenheiten nehmen sollte. Zuerst der Onkel, dann nach und nach auch andere Leute brachten ihr Stühle von der Oma oder aus alten Beständen. So kam die schöne Sammlung aus zum Teil wertvollen Stühlen zusammen, die heute das gemütliche Ambiente im *Café Jats* ausmacht.

»Auch in anderen Bereichen bekomme ich sehr nette Unterstützung«, freut sich die Gastronomin. So bringen ihr beispielsweise zur Heidelbeer-Saison immer dieselben drei Leute die blauen Früchtchen aus dem Wald zum Ver-

Die selbst gemachten Pralinen kann man auch über den Onlineshop beziehen, der aber laut Tanja Pfeiffer derzeit brachliegt. Jeden Morgen backt die Inhaberin sehr früh, um die Kuchentheke zu füllen. Klein und fein geht es zu im heimeligen Café.

arbeiten (und Heidelbeeren sind ein großes Thema in Bad Wildbad und Umgebung!). Das freut Tanja Pfeiffer besonders, legt sie doch Wert auf regionale Früchte, wenn diese Saison haben. Der von ihr angebotene Kaffee stammt aus einer kleinen Rösterei in Freudenstadt – auch hier gilt ihr Leitsatz: Alles selbst herstellen, so wenig wie möglich zukaufen.

So selbstständig Tanja Pfeiffer mit ihrem Café aufgestellt ist, so sehr ist sie dennoch damit in die Familie integriert. Schon allein die Namensgebung weist darauf hin: »Das J steht für Joachim, das ist mein Vater, das A für Annegret, meine Mutter, das T für Tanja, also mich, und das S für meinen Bruder Sebastian«, erläutert sie. Eigentlich war zunächst der Name Jast im Gespräch, weil der Bruder als der Ältere in der Reihenfolge vor Tanja stehen wollte. »Aber das klang nicht so melodisch.«

Dass Tanja Pfeiffer sowohl in der Herstellung ihrer Leckereien als auch bei der Inneneinrichtung des Cafés Kreativität bewiesen hat, ist sofort erkennbar. Sehr ansprechend gestaltet ist auch das kleine, schmale Nebenzimmer, ein Provisorium während der Corona-Zeit – damals mussten Tische aus dem Haupt-Gastraum entnommen werden, die dann in dem ehemaligen Hausflur untergebracht wurden. Hinzu kamen heimelige Sessel und ein Sofa, Letzteres sogar mit Blick auf die Enz. »Provisorien können wir am besten«, lacht Tanja Pfeiffer. Und so ist aus diesem einstigen Notbehelf ein schöner kleiner Zusatzraum geworden.

Tanja Pfeiffers Tipp

Ein Muss in der Gegend ist die Wanderung über das Hochmoor Kaltenbronn zur Grünhütte (dort unbedingt die Heidelbeer-Pfannkuchen probieren!) und zum Sommerberg; von dort fährt man mit der Bergbahn zurück in die Stadt.

Heidelbeerkuchen

Ein Klassiker dieser heidelbeerreichen Gegend

Zutaten
Für eine Springform (Ø 26 cm)

Für den Mürbeteig
175 g weiche Butter
100 g Zucker
1 Ei
300 g Mehl
1 Prise Salz

Für den Belag
1 kg Waldheidelbeeren (wichtig, keine Zucht-Heidelbeeren!)
420 g Sahne
5 Eier
200 g Zucker
80 g Vanillepuddingpulver

Außerdem
etwas Puderzucker zum Bestäuben (nach Belieben)

Zubereitung
Backofen auf 190 °C Umluft vorheizen.

Die Zutaten für den Mürbeteig mit den Knethaken des Rührgeräts zu einem glatten Teig verkneten. Diesen zu einer Kugel formen und in Frischhaltefolie verpackt etwa 30 Minuten in den Kühlschrank legen.

Mit dem gekühlten Mürbeteig die gefettete Springform auslegen.

Heidelbeeren auf dem Mürbeteig verteilen. Restliche Zutaten des Belags gut miteinander vermengen und über die Heidelbeeren gießen.

Heidelbeerkuchen bei 190 °C etwa 60 Minuten backen.

Zum Servieren den Kuchen nach Belieben leicht mit Puderzucker überstäuben.

Blumen Kunst-Werk

Duftende Arrangements aus dem Atelier

Verschiedene Duftnoten strömen auf uns ein, als wir das Atelier von Hanna Kuder betreten. Vanille, gemischt mit einem Hauch Zitrone; fast riecht es ein bisschen nach Tee. Die junge Floristin arbeitet mit geübten und schnellen Handgriffen an mehreren Gestecken gleichzeitig. Obwohl alle mit denselben Blumen bestückt werden, sieht jedes davon ein bisschen anders aus – und jedes ist ein echtes Unikat. »Ich bereite die Gestecke für das Shooting eines Hochzeitsdienstleisters vor«, erklärt Hanna Kuder. Und das ist auch schon ihr Hauptgeschäft, zumindest im Frühjahr, Sommer und Herbst: Dann nämlich zaubert die Floristin in ihrem Atelier oberhalb des Ortskerns von Bad Wildbad und mit Blick auf den gegenüberliegenden Sommerberg vorwiegend Blumenschmuck für Hochzeiten.

»Ich bin gut mit Aufträgen eingedeckt«, sagt Hanna Kuder bescheiden. Viele Anfragen erreichen sie über Mundpropaganda, aber auch Hochzeitsplaner holen die Künstlerin mit ins Boot. Ihr Instagram-Profil kann sich sehen lassen: Dort ist der zauberhafte Schmuck, den Hanna Kuder für Hochzeitsfeiern kreiert, von professionellen Fotografen festgehalten, und sie darf die Bilder in ihrem Account verwenden. »Das ist natürlich eine richtig gute Werbung für mich mit den professionellen Fotos«, erklärt sie. Obwohl sich Hanna Kuder erst vor Kurzem komplett selbstständig gemacht hat, hat sie sich bereits so in der Welt der Blumenkunst etabliert, dass sie Aufträge ablehnen muss.

Ihre dreijährige Ausbildung zur Floristin absolvierte sie im Betrieb *Blumen Konzelmann-Höfer* in Göppingen. Im Anschluss daran arbeitete Hanna Kuder Vollzeit im Betrieb weiter, war aber im Nebenerwerb bereits als Hochzeits- und Eventfloristin tätig, und zwar wieder in Bad Wildbad, wo sie aufgewachsen ist. »Aber nach eineinhalb Jahren war mir die Pendelei zwischen Göppingen und Bad Wildbad zu viel«, erzählt sie, und so wagte sie mutig den Schritt in die Selbstständigkeit und meldete im Mai 2023 ihr eigenes Gewerbe an. Ihr Werdegang war nur folgerichtig, denn: »Ich wusste schon in der fünften Klasse, dass ich Floristin werden wollte.« Sie habe schon immer gern im Garten gearbeitet, auch bereits als Kind, betont Hanna Kuder.

BLUMEN KUNST-WERK

Panoramastraße 2 • 75323 Bad Wildbad • Tel. 0157/55 43 58 91 • blumenkunstwerk.de
Termine nach Vereinbarung

Hanna Kuders Tipps

Sehr empfehlenswert ist der Wanderweg Aichelberger Traumtour mit Start am Sportplatz in Aichelberg. Der Weg führt weit hinunter ins Enztal und über ein Hochplateau. Für Sportliebhaber empfiehlt sie die tollen Mountainbike-Strecken rund um Bad Wildbad.

Obwohl noch nicht lange selbstständig, hat Hanna Kuder ihrem Unternehmen bereits eine feste Struktur gegeben. Sie arbeitet eng mit Hochzeitsplanern zusammen, die ihren Stil schon kennen. So können die Planer mit dem Brautpaar bereits alles besprechen und die Wünsche an Hanna Kuder weitergeben. »Ich habe dann meist einen kreativen Freiraum, um auf diese Wünsche einzugehen«, erklärt sie. Rückt der Hochzeitstermin näher, kauft die Floristin donnerstags ganz früh morgens auf dem Großmarkt in Stuttgart die benötigten Blumen (an diesem Wochentag sind die meisten Händler auf dem Markt vertreten) – dann kann sie freitags die Blumen fürs Wochenende vorbereiten. »Dabei hängt die Art der Arrangements von der Saison ab«, erläutert die Fachfrau. Zur Zeit des Interviews waren aufgefaltete Rosen im Gesteck angesagt, so wie Hanna Kuder sie auch für den Hochzeitsdienstleister vorbereitete. Und zwar in Magenta, der gerade aktuellen Farbe.

Den schönen Blumenschmuck zaubert Hanna Kuder in ihrem Atelier über Bad Wildbad; stehen jedoch Besprechungen mit ihren Auftraggebern an, nutzt sie einen Raum in der oberen Etage des Schuhladens ihrer Eltern. Sie ist allerdings auch viel auf Tour, liefert beispielsweise bis nach Freiburg ihre Gestecke aus – von wo sie die Vasen und andere Mietgegenstände dann auch wieder abholen muss. Das mache ihr aber nichts aus, lacht sie, denn sie fahre gern Auto.

Doch was passiert, wenn die Hochzeitssaison zu Ende ist? Hanna Kuder plant schon vor. Sie hat bereits ihre Fühler auf dem Wochenmarkt in Calw ausgestreckt, wo ihre schönen Blumenarrangements gut ankamen. »Das könnte eine regelmäßige Sache im Herbst werden, wenn nicht mehr so viele Hochzeiten stattfinden«, so Hanna Kuder. Zudem bietet sie in ihrem kleinen Unternehmen Blumenschmuck für Taufen und Beerdigungen an und sieht die lokalen Blumenläden dabei nicht als Konkurrenz: »Ich arbeite ja viel individueller und schließe damit eine Marktlücke.«

Das Portfolio wird ergänzt durch Workshops mit verschiedenen Themen, wie Junggesellinnen-Abschiede, Haarkränze oder Trockenblumen; für Gruppen zwischen vier und 15 Personen macht die Künstlerin alles möglich. Dafür kommt sie entweder zu den entsprechenden Locations, oder die Events finden – wenn die Gruppen kleiner sind – in ihrem Atelier statt. Im Winter kann sich die kreative junge Frau Firmenevents gut vorstellen – auf diese Weise wäre auch die letzte Jahreszeit mit schönen Projekten abgedeckt.

Trotz guter Auslastung und zahlreichen neuen Ideen hat Hanna Kuder eine große Vision: »Mein Traum ist es, ein Blumen-Café zu eröffnen«, verrät sie, das direkt an ihre Werkstatt angeschlossen sein sollte. Auch damit könnte die Floristin eine Marktlücke schließen.

Kein Gesteck gleicht dem anderen, jedes ist ein liebevoll angefertigtes Unikat. Die Blumen kauft Hanna Kuder immer frisch, am liebsten auf dem Großmarkt. Durch ihr kleines Atelier hoch über Bad Wildbad zieht ein unwiderstehlicher Blumenduft.

Café Gugelhupf

Nostalgie im neuen Gewand

An der Nagold, mitten im Ortskern von Hirsau, erstreckt sich eine Terrasse oberhalb des Ufers mit unvergleichlichem Blick auf das Flüsschen. Ausgestattet ist diese Terrasse mit Stühlen und Tischen, die zum großen Teil aus den 1950er- und 1960er-Jahren stammen. Das perfektioniert das Gefühl von Sommerfrische und Kurbad-Stimmung und ergibt ein einzigartiges Flair. »Es war mir wichtig, diese Atmosphäre zu erhalten«, erklärt die Inhaberin des *Cafés Gugelhupf*, Heike Kurzmann. So entdeckt der aufmerksame Betrachter weitere Relikte aus vergangenen Tagen, die liebevoll in das moderne Ambiente des restaurierten Cafés integriert wurden – hier ein Schild, auf dem in kunstvoller Schrift »Spezialität Schwarzwälder Kirschtorte« steht, dort die selbst gestaltete Eiskarte, am Eingang das aufwendig restaurierte Ornament, das in die »Schwarzwaldstube« einlädt.

50 Jahre lang hat das Haus das altehrwürdige *Café Essig* beherbergt, eine Institution im Calwer Ortsteil Hirsau. Nachdem die damaligen Besitzer aus Altersgründen aufgehört hatten, stand das Café elf Jahre lang leer. »Ich hatte stets ein Auge auf das Café geworfen und habe immer im Spaß gesagt: ›Wenn das mal verkauft wird, ist es meins‹«, erzählt die heutige Betreiberin. »Ich habe mir in dieser Zeit viele Projekte angeschaut, um meinen Traum vom eigenen Café zu realisieren, aber ich habe immer alles mit dem *Café Essig* verglichen«, berichtet sie. Dann habe sie im März 2021 zufällig Frau Essig getroffen, ein Jahr, nachdem deren Mann verstorben war. »Ich habe ihr gesagt, dass sie an mich denken soll, wenn sie das Café mal verkauft«, berichtet Heike Kurzmann. Ihre Chancen schätzte sie jedoch gering ein, denn die frühere Besitzerin erzählte ihr, dass sie täglich zahlreiche Angebote für das Café erhalte, aber nicht an einer Veräußerung interessiert sei.

»Aber dann kam im Juli 2021 der Anruf eines Bekannten der alten Dame. Über viele Ecken hatte sie mich ausfindig gemacht und ließ fragen, ob ich diejenige sei, die das Café mal habe kaufen wollen«. Heike Kurzmann strahlt noch heute bei dem Gedanken daran. Dann ging alles sehr schnell: Man war sich

CAFÉ GUGELHUPF
Uhlandstraße 1 • 75365 Calw-Hirsau • Tel. 07051/805 70 20 • cafegugelhupf.de
Öffnungszeiten: Mo–So 9–18 Uhr, Di Ruhetag

Spezialität
Schwarzwälder Kirscht

Heike Kurzmanns Tipp

Sehr sehenswert ist das etwas erhöht liegende berühmte Kloster Hirsau mit der Klosteranlage. Dazu gehört das Klostermuseum, das sich in Hirsau neben der romanischen Aureliuskirche befindet.

sogleich über den Preis einig, und die neue Besitzerin fing bereits mit den Renovierungsarbeiten an, als es noch gar keinen Kaufvertrag gab. Im Frühjahr 2022 eröffnete Heike Kurzmann dann unter dem neuen Namen ihr *Café Gugelhupf*. Kunstvoll ist es ihr gelungen, die vielen Funde aus der Vergangenheit des *Cafés Essig* in ihr neu gestaltetes Ambiente einzufügen. »Viele Gäste fragen mich, ob hier ein Innenarchitekt am Werk war«, berichtet sie stolz. Bunte Tassen in verschiedenen Dekoren hängen von der Decke, diverse Backformen sind auf der anderen Seite aufgereiht, und rosafarbene Kaffeehausmöbel bilden einen schönen Kontrast zum heimeligen grünen Kachelofen. »Ich habe hier im Keller einen großen Fundus an Equipment aus zwei Café-Generationen vorgefunden«, freut sich Heike Kurzmann noch heute. »Ich konnte in Sachen Deko also aus den Vollen schöpfen.«

So besticht das Café durch seine beiden Themenzimmer, das Rosa Zimmer und die urig eingerichtete Schwarzwaldstube. Insgesamt versuchte Heike Kurzmann, den alten Stil beizubehalten. Die Holzvertäfelung und die Theke aus den 1950er-Jahren sind zum Beispiel erhalten geblieben, wurden aber mit neuer Elektrik und Beleuchtung ausgestattet. »Das Haus hat eine Geschichte, die kann ich ja nicht einfach wegradieren«, erläutert sie ihre Vorgehensweise.

Heike Kurzmann arbeitete ursprünglich als Arzthelferin, stieg jedoch vor 20 Jahren aus dem Beruf aus und gründete ihre eigene Catering-Firma. »Angefangen hat das mit kleinen Sektempfängen, und zum Schluss habe ich große Hochzeiten ausgerichtet«, erzählt die Gastronomin. In dieser Zeit buk sie auch oft und gern Gugelhupf für die verschiedenen Veranstaltungen – daher auch der Name ihres Cafés, das sie liebevoll »mein Baby« nennt und hinter dem sie »mit all meiner Kraft, meinem Tun und meinem Denken« steht. »Die Gäste spüren meine Herzlichkeit, das ist mir sehr wichtig«, betont Heike Kurzmann.

Das Café bietet Kuchen an, die zum größten Teil aus einer Konditorei in Weil der Stadt bezogen werden. Die dortige Konditormeisterin hat im ehemaligen *Café Essig* gelernt und 13 Jahre lang dort gearbeitet – so schließt sich der Kreis. Heike Kurzmanns Sohn, von Beruf Beikoch, arbeitet mit im *Café Gugelhupf* und backt ebenfalls Kuchen. Neben diesem Angebot stehen täglich auf Etageren angerichtete Frühstücke auf dem Tagesplan sowie um die Mittagszeit belegte Brötchen und getoastete Fladenbrote. »Wenn wir Zeit haben, gibt es auch mal Kartoffelsalat mit Bauernbratwürsten – bodenständige Sachen eben«, berichtet die Inhaberin. Dieses Angebot wird nicht nur von den Stammgästen, sondern auch von Gästen gern angenommen, die von weit herkommen, beispielsweise aus Stuttgart oder Weiterstadt. »Neulich hat mich eine Motorrad-Truppe mit 14 Mann gefragt, ob sie auf dem Rückweg einer Tour wieder vorbeikommen dürften«, strahlt Heike Kurzmann und freut sich darüber, dass das genau die Menschen sind, für die sie ihr Café gegründet hat.

Aus vielen Backgenerationen stammen die zahlreichen Accessoires, die Heike Kurzmann liebevoll im Café drapiert – sogar Kaffeekannen baumeln von der Decke. Kaffeehaus-Flair im Rosa Zimmer. Die Terrasse oberhalb des Nagold-Ufers ist ein Traum.

Tiroler Nusskuchen

Saftige Gaumenfreude

Zutaten
Für eine Kasten- oder Napfkuchenform (1,5 l)

Für den Teig
200 g weiche Butter
200 g brauner Rohrzucker
1 TL Vanillepaste
4 Eier (Gr. L)
125 g Mehl
1 Pck. Backpulver
200 g gemahlene Hasel- oder Walnusskerne
50 ml Milch
100 g gehackte Hasel- oder Walnusskerne
100 g Schokostreusel (Zartbitter oder Vollmilch)

Für Glasur und Dekoration
100 g Noisette-Schokolade
50 g gehackte Haselnusskerne
50 g ganze Haselnusskerne

Zubereitung
Backofen auf 165 °C (Umluft) vorheizen.

Für den Teig Butter, braunen Rohrzucker und die Vanillepaste schaumig rühren. Nach und nach die Eier dazugeben. Das Mehl mit dem Backpulver zusammen sieben und mit den Nusskernen unter den Teig rühren. Dann die Milch dazugeben und die gehackten Nusskerne sowie die Schokostreusel unterheben.

Die Kuchenform buttern und mehlen, den Teig einfüllen und 50–60 Minuten bei 165 °C (Umluft) backen. Kurz auskühlen lassen und stürzen, danach weiter auskühlen lassen.

Für die Glasur die Noisette-Schokolade schmelzen lassen und auf dem Kuchen verteilen. Mit den gehackten sowie den ganzen Haselnusskernen dekorieren.

Murgtal und rund
um Freudenstadt

Rösterei Eisenwerk

Das Café mit dem gewissen Etwas

Am Ufer der Murg und etwa fünf Gehminuten von der Gaggenauer Innenstadt entfernt befindet sich in einem eindrucksvollen alten Fabrikgebäude die *Rösterei Eisenwerk*. »Wir dachten zuerst, das ist zu weit ab vom Schuss«, erzählt Inhaber Stephan Zink. Doch seine Ehefrau Sabine Erhard, ebenfalls Inhaberin der Rösterei, fügt hinzu: »Als wir die Location gesehen haben, wussten wir, dass wir wegen des Ambientes genau hier rein müssen.« Früher waren in dem roten Backsteingebäude die Gaggenauer Eisenwerke untergebracht. Geschickt wurden Relikte aus dieser Zeit, wie beispielsweise ein alter Schmelzofen, in das restaurierte und moderne Design integriert – das Ergebnis ist ein stylisches Ambiente, das seinesgleichen sucht.

»Dass es hier so aussieht, wie es aussieht, ist das Werk meiner Frau«, erklärt Stephan Zink stolz. Vor der Eröffnung der Rösterei arbeitete die Bürokauffrau als selbstständige Grafikdesignerin, und ihre kreative Handschrift ist überall sichtbar. So wurde der Industriestil erhalten, indem beispielsweise alte Holzdielenböden zusammen mit Gestellen von IKEA zu Tischen umfunktioniert wurden oder das Treppengeländer aus einem alten Wasserrohr besteht. »Wir haben alles von den Wänden abmontiert und die Wände dann einfach roh gelassen«, erklärt der Inhaber. Stephan Zink war früher als Teamleiter bei *Daimler Truck* im pfälzischen Wörth tätig und entschied sich 2015 dazu, ein Abfindungsangebot anzunehmen. »Ich habe schon vorher mit einem Café geliebäugelt«, gesteht er heute, aber nie den richtigen Drive dazu gehabt. »Dann aber bin ich mit der Abfindungssumme nach Hause zu meiner Frau gegangen und habe gesagt: ›Wir machen jetzt eine Kaffee-Rösterei auf.‹ Und sie sagte einfach: ›Au ja, das machen wir!‹.«

Nach dieser spontanen Entscheidung machte sich das Ehepaar umgehend ans Werk. Es folgten der Umbau des alten Fabrikgebäudes sowie Schulungen. »Wir waren oft in Hamburg in Kaffee-Röstereien«, erzählt Sabine Erhard. Schon privat bezogen die beiden immer Kaffees aus kleinen Röstereien. Und Stephan Zink machte vor der eigenen Café-Eröffnung einen Tag lang ein Praktikum in einer Rösterei in Konstanz: »Man hat ja eine eher

RÖSTEREI EISENWERK
Eisenwerkstraße 11 • 76571 Gaggenau • Tel. 07225/986 10 44 • roesterei-eisenwerk.de
Öffnungszeiten: Di–Fr 10–18 Uhr, Sa 10–14 Uhr

EISENWERK
Rösterei

romantische Vorstellung vom Kaffeerösten, und ich wollte einfach mal sehen, wie es wirklich ist.« Offenbar wurde die romantische Vorstellung bestätigt, denn im März 2017 eröffnete das Ehepaar die *Rösterei Eisenwerk*.

In Mannheim fanden sie dann jemanden, der eine Rösterei-Ausbildung anbot und zudem einen Rohkaffee-Import »auf höchstem Qualitätsniveau« betreibt – das ist Stephan Zink sehr wichtig. Die Kaffeesorten beziehen die Inhaber aus Direct Trade, der Importeur ist die Firma *Amarella* in Mannheim. Regelmäßig werden die Farmer von dieser Firma nach Deutschland eingeladen, sodass die beiden Rösterei-Betreiber alle Farmer persönlich kennen. »Wir wissen von jedem Sack Kaffee, von welcher Farm er kommt, welche Varietät es ist, von welchem Feld er stammt und teilweise sogar, aus welcher Pflückrunde«, erklärt Stephan Zink stolz.

Dass das Rösten von Kaffee eine Wissenschaft sein kann, wird bei den nachfolgenden Erläuterungen klar: Je nach Röstung sei ein Kaffee eher als Filterkaffee oder als Espresso geeignet, erklärt der Fachmann. Auch dass manche Kaffees fruchtiger, säurebetonter oder schokoladiger sind, werde beim Rösten beeinflusst – man müsse dazu wissen, was in welchem Temperaturbereich passiere. Espresso habe eine eher dunklere Röstung als Filterkaffee. Geröstet wird im *Eisenwerk* montags, wenn die Kaffeebar geschlossen ist. Der Profi röstet sortenrein, also in immer derselben Farbe. »So kann ich den Charakter des einzelnen Kaffees herausarbeiten«, erläutert er.

Die Röstmaschine passt wunderbar in das Ambiente des Industriegebäudes. Es wird sortenrein in immer derselben Farbe geröstet. Eine Auswahl an Kuchen und Gebäck aus einer Familienbäckerei wird zu den erlesenen Kaffeesorten angeboten.

Trotz Schwerpunkt auf dem Rösten legen die beiden auch sehr viel Wert auf den »normalen« Café-Betrieb: Es gibt leckere Kuchen aus einer kleinen Familienbäckerei im Nachbarort, und mit dem stilvollen Innen- und dem idyllischen Außenbereich zieht das Café sowohl Radtouristen als auch Stammkunden an. »Wir sind eine Begegnungsstätte«, lacht Sabine Erhard. »Von vielen Leuten wissen wir, was sie bedrückt, sie reden sich auch mal den Kummer von der Seele«, ergänzt ihr Ehemann. Ein älteres Ehepaar komme jeden Morgen zur selben Uhrzeit auf einen Kaffee vorbei, und wenn sie mal nicht kämen, meldeten sie sich vorher sogar ab.

Das Café wurde von Anfang an gut angenommen, berichten die gebürtigen Gaggenauer. »Wir haben uns anfangs gar keine großen Gedanken gemacht«, erinnert sich Stephan Zink, »wir haben einfach eröffnet und fertig.« Und es seien auch gleich zahlreiche Gäste gekommen. »Viele waren neugierig, was der Verrückte da wohl macht. Manche nannten es mutig, dass ich meine Stelle als Teamleiter für ein Café aufgegeben habe, manche dachten aber vermutlich: ›Ihr habt sie ja wohl nicht alle‹«, lacht der Kaffeeröster.

Eingebettet in das denkmalgeschützte Gebäude-Ensemble der alten Glashüttensiedlung als der ältesten Industrie-Ansiedlung im Murgtal mit dem besonderen Angebot professionell gerösteten Kaffees können sich Bewunderer wie Kritiker nach mehreren Jahren Cafébetriebs nun sicher sein: Diese Kaffeebar hat definitiv das gewisse Etwas!

Unser Tipp

Ein Ausflug zur Teufelsmühle mit tollem Blick ins Murgtal – unterhalb der Teufelsmühle gibt es eine Grillhütte mit einer Liege für bis zu acht Personen, wunderbar geeignet zum Sonnenuntergang mit einer Flasche Sekt!

Schoko-Espresso-Tarte

Nach dem Rezept eines glücklichen Kunden

Zutaten
Für eine Springform (Ø 26 cm)

Für den Teig
200 g Zartbitterschokolade
125 g Butter
75 ml Espresso
5 Eier (Größe M)
150 g Zucker
100 g abgezogene, gemahlene Mandelkerne
2 EL Kakaopulver

Für die Dekoration
etwas Puderzucker zum Bestäuben
gehackte Mandelkerne nach Belieben

Zubereitung
Schokolade in grobe Stücke hacken. Butter würfeln, mit Schokolade und Espresso in einen Topf geben und bei kleiner Hitze schmelzen lassen. Zwischendurch immer wieder umrühren. Die Masse unter gelegentlichem Rühren lauwarm abkühlen lassen.

Inzwischen den Backofen auf 180 °C (Umluft) vorheizen. Springform einfetten.

Eier und Zucker sehr schaumig schlagen. Die lauwarme Schoko-Butter zufügen und unterrühren. Die gemahlenen Mandelkerne mit dem Kakao vermengen und unterheben.

Schokoteigmasse in die Springform füllen und im vorgeheizten Ofen etwa 30 Minuten backen.

Die Tarte herausnehmen, auf einem Kuchengitter abkühlen lassen und dann aus der Form lösen.

Zum Servieren mit etwas Puderzucker überstäuben und nach Belieben mit gehackten Mandelkernen garnieren.

KunstRAUM Annegret Kalvelage

Auf das Material hören

Während die Holzprinzessin mit der goldenen Krone und den goldenen Socken entsteht, bleiben die Leute gern mal vor dem Schaufenster stehen. Und das ist auch so gewünscht, denn die Künstlerin Annegret Kalvelage arbeitet unmittelbar hinter der großen Glasscheibe an ihrem Pult, wo die vorbeiflanierenden Leute einen guten Blick auf die entstehende Arbeit haben. »Sobald das Wetter im Frühjahr beständig ist, gehe ich ganz nach draußen und arbeite dort«, erklärt sie. Mitten in der romantischen Altstadt von Gernsbach mit den malerischen Fachwerkhäuschen und den Straßencafés kann man sich aber auch nichts Passenderes vorstellen, als eine Bildhauerin, die in und vor ihrem Laden *KunstRAUM* arbeitet.

Ursprünglich war das Ladengeschäft mit der Kuppeldecke, den markanten Blumenmuster-Fliesen und dem Terracotta-Boden in Schachbrettoptik eine Metzgerei. »Dann war direkt vor mir ein Weinhändler hier drin«, erzählt Annegret Kalvelage. Mit ihm habe sie sich gut verstanden und er habe auch Weine für ihre Vernissagen geliefert. »Irgendwann erzählte er mir, dass er seinen Laden aufgibt, und ich konnte diesen dann direkt übernehmen.«

In dem für sich gesehen schon einzigartigen Ambiente dieses schmal geschnittenen Raums sind nun rechts und links die Kunstobjekte der Bildhauerin aufgereiht und stehen Spalier, während man hindurchschlendert und die vielen Feinheiten betrachtet: hier den Schutzengel mit dem goldenen Helm, dort die Holzfigur mit den knallroten Pantoffeln. Annegret Kalvelage arbeitet inzwischen sowohl mit Stein als auch mit Holz. Sie studierte in Karlsruhe Kunst- und Baugeschichte und ist zudem ausgebildete Steinbildhauerin. »Ins Badische bin ich über Umwege und eine Technikerausbildung gekommen«, berichtet sie. Das eigentliche Ziel war es, in der Denkmalpflege zu arbeiten – »dort habe ich aber immer nur Zeitverträge erhalten, sodass ich 2007 eine Ich-AG

KUNSTRAUM ANNEGRET KALVELAGE
Hauptstraße 23 • 76593 Gernsbach • Tel. 0176/93 13 06 18 • kalvelage-steinkultur.de
Termine nach Vereinbarung

Annegret Kalvelages Tipp

Ich bin häufig mit dem Hund auf dem Kunstweg am Reichenbach unterwegs, einem 3,2 km langen Skulpturenweg zwischen den Gernsbacher Stadtteilen Hilpertsau und Reichental, der eine schöne Verbindung von Kunst und Natur bietet.

gegründet habe und als Bildhauerin wieder zurück zum Stein bin«, so die Künstlerin. Zunächst habe sie in Dettenheim bei einer alten Mühle ein Stück Land gepachtet, sich einen Haubock gebaut und wieder angefangen, Stein zu bearbeiten. Der Unterschied aber war: »Dieses Mal habe ich das gemacht, was aus mir herausgekommen ist«, erinnert sich die Bildhauerin. Vorher habe sie in einem klassischen Grabsteinbetrieb gearbeitet und nach Auftragsvorgabe Grabsteine beschriftet.

2009 absolvierte sie bei einer Bonner Bildhauerei ein Basisstudium, bei dem sie auch mit Skulpturen und anderen Materialien wie Holz in Berührung kam. 2011 kam sie schließlich, nach zahlreichen Umzügen, ins Murgtal. Ihr Atelier befindet sich in Weißenbach, wo sie ihr Stein- und Holzlager hat und wo sie auch hauptsächlich arbeitet. »Dort kann ich Lärm und Dreck machen; das hier ist eher ein Show-Schnitzen«, lächelt Annegret Kalvelage. Die aus dem Ruhrpott stammende Künstlerin fühlt sich in Gernsbach angekommen, seit sie den Laden führt. »Es ist eine gute Gegend für Künstler«, erläutert sie. »Meine Kunst zieht aber hauptsächlich Interessenten aus dem Umland, also aus Karlsruhe und Baden-Baden, an.«

Nach vielen Jahren, in denen Annegret Kalvelage mit Stein arbeitete, hat sich inzwischen jedoch das Holz als Arbeitsmaterial in den Vordergrund gedrängt. Das erklärt sie so: »Viele meiner aktuellen Ideen lassen sich in Holz besser umsetzen, außerdem ist Holz einfacher verfügbar.« Und Holz komme bei den Menschen besser an, weiß die Fachfrau. Die Leute hätten eine andere Nähe und Einstellung dazu, ergänzt sie. Und es sei außerdem ein »warmes und weiches Material«. Sie habe nach Hochwasser auch schon öfter Fundholz aus der Murg gezogen und bearbeitet: »Solche Stücke geben dann schon immer eine bestimmte Form vor.«

Was die Arbeit am Stein anbelangt, kann Annegret Kalvelage immer nur das bearbeiten, was sie vom Gewicht her allein bewältigen kann. »Ich habe mich auch lange gegen den Einsatz einer Kettensäge gewehrt«, erklärt sie. Für sie sei die Arbeit am Stein immer klassisch mit Hammer und Meißel gewesen. »Dann habe ich es einmal mit der Kettensäge probiert und war infiziert«, erinnert sie sich. Mit einer schmalen Kettensäge könne man erstaunlich fein arbeiten, sagt die Fachfrau.

Die Künstlerin hat unabhängig davon, ob sie mit Holz oder Stein arbeitet, immer schon das Bild im Kopf, was daraus entstehen soll, noch ehe sie mit der Arbeit beginnt. Sie übernimmt auch Auftragsarbeiten – hier ist es ihr jedoch am liebsten, wenn sie sich erst einmal mit dem Kunden unterhalten und damit eine Vorstellung von seinen Wünschen bekommen kann. »Wenn ihm meine Arbeit gefällt, soll er sie kaufen, ansonsten nicht«, ist die resolute Aussage. Auf diese Weise könne sie sich künstlerisch voll ausleben: »Manchmal muss ich mich auch einfach von allen Vorstellungen lösen und auf das Material hören, dann wird das auch was.«

Während die Künstlerin am Fenster arbeitet, können ihr die Passanten dabei zuschauen. Die wunderbaren Fliesen und die Kuppeldecke der ehemaligen Metzgerei verleihen der Galerie ein besonderes Flair. Etwas Farbe findet man oft bei ihren Kunstwerken.

but
first
COFFEE

Café Erle

Außergewöhnliches Flair in der Sägemühle

Wo man sich heute so entspannt und idyllisch am Ufer des Flusses Murg selbst gebackenen Kuchen schmecken lassen kann, sägten bis vor 40 Jahren die Waldbauern der Umgebung ihr Holz. Und im Inneren des heute so behaglich eingerichteten Cafés befand sich das mit Wasserkraft betriebene Sägegatter. »Irgendwann diente die Erlensägemühle nur noch als Lager und gehörte einer Gesellschaft«, erklärt die heutige Café-Betreiberin Stefanie Großmann. Ihre Mutter Adelheid Barth habe die Sägemühle dann der Gesellschaft abgekauft: »Dadurch bot sich für uns die Möglichkeit, die alte Mühle in ein Café umzuwandeln«, erläutert die Tochter.

Die Inhaber-Familie setzte es sich zudem als Ziel, die Erlensägemühle und ihr altes Wasserkraftwerk in diesem interessanten Gebäude zu erhalten und darin ein modern gestaltetes Café zu integrieren. Da das Haus unter Denkmalschutz steht, durfte an der Fassade nichts verändert werden. So stammen heute noch die Fenster und viele alte Holzelemente aus längst vergangenen Zeiten – allerdings kam Neues dazu: So wurde beispielsweise eine Decke eingezogen und ein Obergeschoss geschaffen. »Dort verkaufen wir jetzt unsere Geschenk- und Deko-Artikel«, berichtet Stefanie Großmann, die hier im *Café Erle* neben dem Kaffeehausbetrieb mit den Angeboten Frühstück, Mittagstisch sowie Kaffee und Kuchen am Nachmittag verkauft werden. Man sollte also viel Zeit mitbringen, um ausgiebig in den liebevoll dekorierten und sowohl farblich als auch thematisch stimmig arrangierten Bereichen stöbern oder gezielt nach einem besonders schönen Stück suchen zu können.

Mutter Adelheid Barth und Tochter Stefanie Großmann ergänzen sich hervorragend. Die Tochter hat als gelernte Floristin ein gutes Händchen für alles Schöne und Kreative, die Mutter kommt aus dem Hotelbereich, wo sie sich mit Tischdekorationen befasste. »Es war schon immer ihr Traum, einen Blumenladen mit Café zu betreiben«, erzählt Stefanie Großmann. Heute ist Adelheid Barth für das Café zuständig und Stefanie Großmann für den Deko-Bereich. »Allerdings trennen wir das nicht strikt, sondern unterstützen uns

CAFÉ ERLE

Murgtalstraße 195 • 72270 Baiersbronn-Klosterreichenbach • Tel. 07442/122374 • erle-cafe.de
Öffnungszeiten: Di–Sa 9–18 Uhr

S. Großmanns Tipp

Auf dem Wanderweg vom *Café Erle* zur Münsterkirche, über den Spielplatz und durch den Kurpark zum Dornstetter Weg und am Waldrand entlang zum Scheidgrundpfad. Weiter zum idyllischen Märtesweiher und über den Pavillon und die Klosterquelle zum Café zurück.

vielmehr gegenseitig«, ist es der Tochter wichtig. Sie selbst gestalte zwar aus Kunstblumen Gestecke, »die Deko macht mir aber inzwischen viel mehr Spaß als die Arbeit mit den Blumen«, lächelt die Floristin. Die Ware wählt sie nach besonderen Kriterien aus: »Wir haben vieles aus natürlichem Material, vor allem aus Holz, aber auch aus Metall und Rost – also alles, was gut in dieses Ambiente passt«, so die Deko-Spezialistin.

Von Anfang an wurde in der Erlensägemühle beides parallel angeboten, also das Café und der Verkauf der schönen Waren. Der Cafébereich war zu Beginn noch recht klein. »Wir haben mit zehn Tischen angefangen«, erinnert sich Stefanie Großmann. Dann kamen nach hinten der Anbau und die Küche dazu, wodurch das Café nach und nach vergrößert wurde, und mit dem Obergeschoss auch ein zusätzlicher Verkaufsraum mit den Deko-Artikeln. Ein Highlight setzte dann die Eröffnung der Freifläche direkt am Murgufer – bei schönem Wetter ist es einfach traumhaft, draußen zu sitzen und den leckeren Kuchen zu genießen, der hier ausschließlich selbst gebacken wird.

Die Lage direkt an der Durchgangsstraße beschert dem *Café Erle* viele Spontangäste. »Es besuchen uns aber auch zahlreiche Kurgäste, die gemütlich Kaffee trinken wollen und dann feststellen, dass man bei uns auch noch was Schönes zum Mitnehmen findet«, freut sich die Floristin. Zudem kommen viele Stammgäste ins *Café Erle* und »auch Leute aus Stuttgart und Karlsruhe, die einen Tagesausflug hierher machen, weil sie wissen, dass sie hier besondere Sachen kaufen können und das dann mit einem Frühstück oder mit Kaffee und Kuchen verbinden«, weiß die Inhaberin.

Zwei Kuchenbäckerinnen zaubern täglich bis zu zehn Kuchen, die, wann immer möglich, mit saisonalen Früchten und mit Eiern aus der Region gebacken werden. Es ist Stefanie Großmann wichtig, dass es Erdbeerkuchen nur in der Erdbeerzeit gibt und die Früchte für Zwetschgen- und Apfelkuchen gerade Saison haben. »Vor allem die Heidelbeerzeit ist hier wichtig.« So sind die Heidelbeeren für die Torte, die im Café in der interessanten Dreiecksform (siehe Rezept, dort jedoch normale Kuchenform) angeboten wird, handgesammelt. »Regional sind auch unsere Forellenfilets, die wir zum Mittagstisch anbieten«, erklärt die junge Chefin. Viele Gäste mögen den traditionellen Kuchen, »die Schwarzwälder Kirschtorte geht also immer«, lacht sie. »Insofern machen wir keine großen Experimente, sondern bieten das an, was die Leute gern mögen.«

Dreimal im Jahr, an Weihnachten, im Frühjahr und im Sommer, findet eine große Umdekorierung statt. »Wenn mir etwas nicht mehr gefällt, stelle ich aber auch zwischendrin mal um«, lächelt Stefanie Großmann. So sehen Stammkunden immer wieder etwas Neues, und man kann das ganze Jahr über durch die faszinierenden Ausstellungen streifen und die aufwendig ins alte Mobiliar eingegliederten Dekorationen bewundern: Osterhase & Co. im Frühling, Rentiere, Sterne und Kerzen in allen Variationen an Weihnachten oder das frische und in Grün gehaltene Zierwerk im Sommer.

Thematisch und farblich sortiert präsentiert sich das liebevoll ausgewählte Warensortiment. Gemütlich-modern ist die Einrichtung im Café gestaltet. Der Außenbereich des *Café Erle* gibt einen Vorgeschmack auf das besondere Ambiente im Inneren.

Heidelbeer-Joghurt-Torte

Sahniger Beerentraum

Zutaten

Für eine Springform (Ø 26 cm)

Für den Biskuitboden
3 Eier
100 g Zucker
100 g Mehl
30 g Speisestärke
1 Msp. Backpulver

Für den Mürbeteigboden
75 g Mehl
50 g Butter
25 g Zucker

Für die Joghurtsahne
400 g Joghurt
80 g Zucker
800 g Sahne
30 ml Holunderblütensirup
8 Blatt Gelatine
400 g Waldheidelbeeren

Außerdem
2 EL Heidelbeermarmelade

Für die Dekoration
nach Wunsch Sahne, Heidelbeeren, frische Minze zum Garnieren

Zubereitung

Backofen auf 160 °C (Umluft) vorheizen.

Für den Biskuitboden die Eier mit dem Zucker etwa 10 Minuten schaumig rühren. Mehl, Speisestärke und Backpulver sieben und das Gemisch mit einem Rührlöffel vorsichtig unter die Eiermasse heben.

Die Biskuitmasse in eine mit Backpapier ausgelegte Springform füllen und bei 160 °C etwa 35 Minuten backen. Abkühlen lassen und einmal durchschneiden, sodass zwei Biskuitböden entstehen.

Für den Mürbeteigboden aus den Zutaten einen Teig herstellen, dünn ausrollen und bei ca. 160 °C etwa 10 Minuten backen, dann auskühlen lassen.

Für die Joghurtmasse den Joghurt mit dem Zucker verrühren. Die Sahne steif schlagen und unter die Joghurtmasse rühren. Den Holunderblütensirup erhitzen und die Gelatine darin auflösen, dann unter die Joghurt-Sahne-Creme mischen. Zum Schluss die Waldheidelbeeren unter die Creme heben.

Zur Fertigstellung der Torte den Mürbeteigboden in einen Tortenring legen und mit Heidelbeermarmelade bestreichen. Den ersten Biskuitboden darauflegen. Dann die Hälfte der Heidelbeer-Joghurt-Sahne-Creme darauf verteilen. Mit dem zweiten Biskuitboden bedecken und die restliche Creme darauf streichen.

Die Torte für 2 Stunden in den Kühlschrank stellen.

Zum Servieren nach Wunsch garnieren, z. B. mit Sahne, Heidelbeeren und frischer Minze.

Schwarzwald Shooting

Hier wird der Bollenhut neu inszeniert

Eigentlich war das alles gar nicht so geplant. Katrin Lamparth fotografierte auf Hochzeiten und wollte ihrer Kundschaft mit speziellen Empfehlungen eines Friseurs oder eines Floristen einen neuen Service anbieten. Da ihr noch jemand für das Make-up fehlte, suchte sie über Facebook einen Make-up-Artist und erhielt einen Post von Vanessa Roth. »Wir kannten uns also vorher gar nicht«, lachen die beiden jungen Frauen, die ihr Fotostudio in Baiersbronn-Tonbach eröffnet haben. »Dann kamen aber Corona und der Lockdown dazwischen«, erzählt Katrin Lamparth weiter, »und wir haben für danach ein Foto-Shooting ausgemacht mit Schminken, das wir als Werbung verwenden wollten. Wir hatten überhaupt noch keinen Gedanken daran, dass wir etwas mit Schwarzwald-Fotografie machen würden«, betont die Fotografin.

Vanessa Roth ergänzt: »Ich hatte dann die Idee, Models im Schwarzwald-Look zu fotografieren. Dafür wollte ich einen traditionellen Hut kaufen, und an die Trachten kam ich gut über den Trachtenladen meiner Schwiegermutter in Tonbach heran.«

So kam es also zum ersten Shooting mit einer Freundin als Model, und alle hatten richtig viel Spaß dabei. Die Ergebnisse wurden gepostet – damals noch auf Facebook, heute ist Instagram das Medium der Wahl des Duos. »Die Resonanz war toll«, freut sich Katrin Lamparth noch heute. »Die Leute haben gesagt: ›Wow, wie toll, kann man so was bei euch machen, bietet ihr das an?‹.« So war das Business, das Katrin Lamparth und Vanessa Roth heute betreiben, zwar nicht beabsichtigt, aber nachdem sie das Start-up 2021 gegründet hatten, verging kein Tag ohne mindestens 25 Nachfragen über WhatsApp.

»Wir unterscheiden uns dadurch von anderen Fotografen, die Models im traditionellen Schwarzwald-Look fotografieren, dass bei uns die Auftraggeber selbst auf den Fotos sind«, erklärt Katrin Lamparth. Bei anderen namhaften Fotografen sei irgendjemand im traditionellen Outfit auf den Fotos, man hänge sich

SCHWARZWALD SHOOTING
Untere Sonnenhalde 48 • 72270 Baiersbronn-Tonbach
Tel. 07484/9135091 • Mobil 0160/93595929
instagram.com/schwarzwald_shooting • schwarzwald-shooting.de
Termine nach Vereinbarung

Unser Tipp

Wir wandern mit unseren Familien gern auf die nahe Hornisgrinde und kehren dort entweder in der sehr schönen neuen Grinde-Hütte ein oder machen ein Picknick beim Bismarckturm – in Sachen Aussicht ein Highlight in der Region, besonders zum Sonnenuntergang!

also eine fremde Person ins Wohnzimmer. »Dass man selbst auf dem Bild ist, macht für viele den Anreiz aus«, ergänzt die Stylistin. Und noch etwas unterscheidet sich bei den Foto-Shootings von anderen: »Der Stil anderer Fotografen ist oft ernst und dunkel – wir legen aber Wert auf lustige Posen. Ich lasse die Models auch mal schreien und halte das fest«, lacht Katrin Lamparth. Die gute Stimmung während des Entstehens der Bilder sieht man den Fotos dann auch an – mal frech, mal ausgelassen, mal überrascht, mal verschmitzt schauen die Models unter ihren Bollenhüten in die Kamera. Einen Bollenhut als Requisit haben die beiden eigens in einem Auktionshaus ersteigert.

Vorwiegend posieren Frauen vor der Kamera, Männer lassen sich nur im Rahmen eines Pärchen-Shootings oder für Familienbilder ablichten. »Wir hatten schon Familien mit Babys oder Zwillingen und sogar Hunde beim Shooting«, erinnern sich die beiden Schwarzwälderinnen. Die Termine finden immer samstags statt, dann wird pro Session zuerst eine Dreiviertelstunde geschminkt und dann etwa eine Stunde fotografiert. Die Kunden dürfen sich nach der Session drei Bilder aussuchen, die aufwendig bearbeitet werden.

Die Fotografin ist eigentlich Bankkauffrau und Betriebswirtin und fotografiert seit 2018 bei Events. Vanessa Roth ist von Beruf Einzelhandelskauffrau und durch ihre Tätigkeit in einer Parfümerie bereits in dieser Zeit mit Profi-Make-up in Berührung gekommen. Den

Make-up-Artist hat sie während ihrer Elternzeit nachgeholt und damit ein Kleingewerbe angemeldet. Die beiden talentierten Frauen bestreiten alle Shootings grundsätzlich gemeinsam – der Grund dafür liegt nahe: »Ich kann nicht schminken, und Vanessa kann nicht fotografieren«, erklärt die Fotografin.

Sich auf diese Weise wundervoll ergänzend, strecken beide Frauen derzeit ihre Fühler in viele weitere Richtungen aus. Das Ideenspektrum reicht von Firmen-Events, bei denen alle Mitarbeiter in einer Fotobox fotografiert werden, über die Kooperation mit einem Weingut, dessen Etiketten Schwarzwald-Models zieren, bis hin zum neuen Onlineshop. Es gibt nämlich inzwischen bedruckte Taschen, T-Shirts und Tassen, auf denen das Konterfei des jeweiligen Models des *Schwarzwald Shooting* abgedruckt ist. »Wir nehmen die Sachen mit auf Märkte«, erklären die geschäftstüchtigen Damen. Die schönen und typischen Schwarzwald-Accessoires werden aber auch Touristenshops und Hotels angeboten.

Inzwischen dürfte sich die Nachbarschaft in Tonbach an diese ganz besondere Dienstleistung gewöhnt haben. »Am Anfang hat Katrin Lamparth noch als Deko die Axt ihres Papas mitgebracht – da haben die Nachbarn schon komisch geguckt«, erinnert sich Vanessa Roth. »Und wenn ich dann beim Fotografieren noch jemanden habe schreien lassen, war die Verunsicherung ganz groß«, ergänzt die Fotografin lachend. Gut, dass die beiden inzwischen so bekannt sind, dass man sie nicht mehr als Axtmörderinnen verdächtigt.

Die Make-up-Artistin vollbringt in einer Dreiviertelstunde wahre Kunstwerke. Das Atelier der Künstlerinnen ist ausgestattet mit allen Arten von Requisiten. Es ist auch ein Original-Bollenhut vorhanden, der bei einer Auktion ersteigert wurde!

Stelzenvögel ohne Eisen und ohne Platte

Keramik-Manufaktur Schwarzwälder ART

Töpferkunst aus Baiersbronn

Ursula Frick, Gründerin der *Keramik-Manufaktur Schwarzwälder ART* im Herzen von Baiersbronn, sagt lachend: »Nach so langer Zeit hat bestimmt jeder Baiersbronner inzwischen einen Vogel.« Vögel in allen Variationen, in Ausübung diverser Berufe und Aktivitäten und in lustigen bunten Farben, füllen die Regalreihen des bezaubernden Ladens, in dem man in jeder Ecke auf ein anderes originelles handgemachtes Exemplar der Schwarzwälder Art trifft: Waldkäuze schauen den Betrachter fragend an, Erdmännchen recken naseweis die Köpfe, große Eisvögel stecken mit Stethoskopen um den Hals und einer Packung Aspirin unter dem Arm in Arztkitteln und eine Ente und eine Schildkröte repräsentieren mit ihren Bollenhüten ihre Schwarzwälder Heimat.

»Jedes Teil hier ist in diesem Laden geboren«, erklärt die Künstlerin stolz. Und so ist es für die gebürtige Karlsruherin selbstverständlich, dass sie auch die Mutterformen für ihre Vögel, Figuren, Kugeln und Deko-Artikel selbst herstellt. 15 Jahre lang hat Ursula Frick den Laden in der Freudenstädter Straße geführt, bevor er 2023 in die Hände ihres Nachfolgers Lothar Baumann, Inhaber einer Natursteinmanufaktur in Bad Peterstal (siehe »Noch mehr Begegnungen«), kam – »seit zehn Jahren habe ich keine Mutterform mehr zugekauft«, erzählt sie. Eine Mutterform sei sozusagen die Urform, erklärt die Expertin, aus der dann die Arbeitsformen aus Gips geschaffen würden. »Mit den Arbeitsformen werden die Figuren hergestellt, und wenn diese kaputtgehen, kann man immer wieder auf die Mutterform zurückgreifen.« Dass die Künstlerin ihrer Kreativität oft freien Lauf lässt, zeigen die fröhlichen, nachdenklichen, teils verrückten Exponate in ihrem Laden – beispielsweise baumelt da ein erhängter Vogel von der Decke. Ein bisschen Zynismus ist also auch dabei.

KERAMIK-MANUFAKTUR SCHWARZWÄLDER ART
Freudenstädter Straße 31 • 72270 Baiersbronn • Tel. 07442/848899
schwarzwaelder-art.com
Öffnungszeiten: Mo–Fr 9–18 Uhr, Sa 9–13 Uhr

Ursula Fricks Tipp

Ein tolles Ziel ist der Ellbachsee, den man von Baiersbronn-Mitteltal aus erwandern oder mit dem Fahrrad erreichen kann. Hat man noch genug Puste, sollte man die Aussichtsplattform Ellbachseeblick aufsuchen, die auch von Kniebis gut und schnell erreichbar ist.

Ursula Fricks Werdegang hat diese Wendung in ihrem Lebenslauf nicht von Anfang an erahnen lassen. Gelernt hat sie Vermessung beim Landesvermessungsamt Karlsruhe. Aber: »Sobald ich laufen und Stifte und Kleber halten konnte, hab ich angefangen, Sachen zu basteln und zu bauen, beispielsweise eine Puppenstube aus Opas altem Holzzigarrenkästchen. Das handwerkliche Geschick war also schon angelegt und hat sich weiterentwickelt«, erzählt sie. Ihr Vater habe damit jedoch nichts anfangen können und geschimpft, dass das nur Rumgespiele sei und keine richtige Arbeit. Er bestand darauf, dass seine Tochter »etwas Richtiges« erlernte.

»Ich fand die Arbeit als Vermesserin schön, dabei konnte ich immerhin draußen sein und durch Wald, Flur und Felder streifen« – so gewann Ursula Frick ihrem Ausbildungsberuf durchaus etwas Gutes ab. Mit der zunehmenden Automation allerdings sollte sie in den Innendienst versetzt werden und dort Luftbilder auswerten. Dazu war aber ihre klare Meinung: »Das muss nicht sein.« Über Batik- und Tiffany-Arbeiten und Collagen aus Naturmaterialien, für die sie wieder draußen in der Natur war, kam sie schließlich vor 35 Jahren zur Keramik.

Das begann damit, dass sie einen feuerspeienden Drachen als Öllämpchen herstellte. In Soufflenheim fand sie jemanden, der ihr dafür die erste Mutterform erstellte. »Der wollte aber für meine damaligen Verhältnisse zu viel Geld dafür haben. Das war schade, denn seine

Arbeit war sehr gut«, erzählt die Keramikerin. So entwickelte sie die Idee, solche Formen einfach selbst herzustellen. »Ich habe aber absolut nichts darüber gefunden, keine Literatur, keine Berufsschulbücher oder ähnliches«, wundert sich Ursula Frick noch heute. Schließlich habe sie ein englischsprachiges Buch aufgetan, in dem die Technik beschrieben wurde und worauf man zu achten hätte, damit das Modell gut aus der Form herauskäme. »Also habe ich zu Hause am Küchentisch ab dann Drachen produziert, meine Fenstersimse standen voll damit«, lacht die Künstlerin. Es kamen weitere Tiere hinzu – Erdmännchen, Frösche, Schlangen –, sodass Ursula Frick ganze Ausstellungen mit ihrer Tierwelt bestücken konnte.

Vor 30 Jahren schließlich verschlug es sie nach Baiersbronn, wo sie dann vor etwa 15 Jahren den heutigen Laden eröffnete. Mit ihr arbeiten hier vier Angestellte, die auch das gesamte Repertoire bis hin zum Brennvorgang beherrschen. »Anfangs habe ich den Mitarbeitern alles gezeigt und beigebracht, heute können sie es wahrscheinlich besser als ich«, meint die Künstlerin verschmitzt. Der kreative Kopf dahinter blieb aber immer sie, auch nach der Übergabe an Lothar Baumann ist sie heute noch regelmäßig präsent. Der besondere Laden ist ein Kleinod im Ort. Viele Leute kommen herein, schauen alles intensiv an, schmunzeln über die eine oder andere Figur. Den Laden zu verlassen, ohne eine der entzückenden Keramikfiguren zu erwerben, ist nur schwer möglich. Touristen sind die Hauptkunden – da ja mittlerweile schon jeder Baiersbronner einen Vogel hat.

Ursula Frick stellt die Mutterformen ihrer Keramikfiguren selbst her. Ein Muss im Schwarzwald ist auch ein Bollenhut als Keramik, viele der Figuren tragen einen. In der Manufaktur sind sämtliche Lasierungen und Bemalungen Handarbeit.

oh my deer

Christine Huber

Kuh'le Typen in Öl

Kühe spielen eine große Rolle in Christine Hubers Werken. Aber auch Freude an fröhlich-bunten Farben, an unterschiedlichen Techniken und an hintergründigem Humor ist den Bildern eigen, die die Künstlerin auch »Wimmelbilder« nennt. »Mein Stil ist Pop-Art, ich male realistisch und bunt, mit eingearbeiteten Mustern«, erklärt die Malerin. Zwar sind die Kühe das Hauptmotiv in den meisten ihrer Werke, doch daneben wimmeln auch Jäger, Wild und Vögel auf den ausdrucksstarken Bildern.

Christine Huber wurde in Quedlinburg in der damaligen DDR geboren, 1960 gelang ihr als Kind eine spektakuläre Flucht über Westberlin nach Hamm, wo ihre Eltern sie bereits erwarteten. Ein Lehrer an ihrer späteren Schule schlug ihr den Besuch einer Kunstschule vor, aber die Eltern mussten sparen, und der ehrgeizige Vater forderte sie auf, »etwas Richtiges zu lernen«. So absolvierte Christine Huber zunächst eine Ausbildung zur Kauffrau. »Allerdings habe ich bereits neben meiner Arbeit in der Buchhaltung gerne gemalt«, erinnert sie sich. Ihre Aquarelle und Zeichnungen entstanden oft in der Natur – »das machen viele nicht mehr«, weiß die Künstlerin. So führte sie beispielsweise einmal eine Maler-Reise nach Tunesien, wo ebenfalls in der freien Natur etliche Bilder entstanden, die alle verkauft wurden. »Ich habe oft gar keine Bilder, um sie auf Ausstellungen zu zeigen«, lacht Christine Huber.

Neben freien Werken, die sie manchmal mit eigenen Gedichten, aber auch mit Poemen namhafter Literaten anreichert, fertigt die Künstlerin viele Auftragsarbeiten an. Wird ein Porträt gewünscht, arbeitet sie dies in die von den Kunden ausgewählten Motive hinein. So kommen dabei auch einmal Karikaturen heraus, wie beispielsweise der Bürgermeister, der als Schäfer von einem Hund angepinkelt wird. »Ein früherer Bürgermeister hat mal zu mir gesagt, dass er sich wie eine Straßenlaterne fühlt, an die jeder Hund pinkelt«, erzählt die Malerin. Sie setzte diesen Ausspruch am Kunstzaun der ehemaligen Rappenruine entsprechend um – die Schäfchen um den Bürgermeister herum symbolisieren dabei die Gemeinderäte.

Wenn etwas nicht so deutlich gezeigt werden soll, die Künstlerin es aber trotzdem in das

CHRISTINE HUBER
Salenbergstraße 55 • 72250 Freudenstadt • Tel. 07441/89 28 60 • christine-huber.info
Termine nach Vereinbarung

Bild integrieren möchte, hat sie auch hierfür einen Trick – Christine Huber erklärt diesen anhand eines Bildes, auf dem der Schriftzug des Playboy-Magazins prangt: »Ich habe den Schriftzug vergrößert, ihn aufgeklebt und dann darüber gemalt. So ist er zwar sichtbar, aber nicht so dominant.« Mit solchen Finessen bringt die Malerin ihren feinen Humor zum Ausdruck – ein sehr schönes Beispiel dafür ist ein Bild mit drei prächtigen bunten Hühnern und drei nur als Konturen aufgetragenen stilisierten Fischen, darunter der Bildtext: »Hello friends, eat more fish.« Dazu gehört folgendes Gedicht aus einem der von Christine Huber im Eigenverlag herausgegebenen Bücher:

»Die Glucken von Bauer H. Wahl
legen jeden Tag Eier, zwanzig an der Zahl.
Man hört sie von Weitem gackern,
jetzt werden die Ohren euch schlackern:
›Hallo Freunde, esst bitte mehr Fisch,
dann sind wir vom Tisch,
weil, die schmecken nach ›Meer‹ allemal.‹
Was soll man den Hennen nun raten?
Genießen sie das Fest auch als Braten?
Das glaubt doch wohl keiner,
denn einen Kopf kleiner
wollen sie nicht durch die Soße waten.«

Neben dem hintergründigen Humor ist es vor allem die Technik, die Christine Hubers Werke so besonders macht. Sie malt vorwiegend mit dem Medium Acryl, das sie mit diversen Materialien unterfüttert. Diese werden gekonnt in die Bilder eingearbeitet. So müssen alte geflochte-

Im lichtdurchfluteten Atelier entstehen farbenfrohe Bilder. Kühe findet man hierbei oft in den Bildern von Christine Huber. Sie malt Acrylbilder und Aquarelle und baut immer wieder verschiedene Materialien in die Bilder mit ein.

ne Stuhlsitze, Stoffe oder Noppenfolien herhalten, die so in das Gesamtbild integriert werden, dass sie nicht mehr als Fremdmaterial auffallen. Da verlaufen Farben auch mal zusammen mit Nescafé oder Konturen werden in einem Aquarell mit einem Wattestäbchen verzogen. »Aquarellmalerei bedeutet für mich, locker zu malen. Das Wasser muss laufen, alles geht ineinander über«, erläutert sie. »Viele meinen, Aquarelle zu malen sei schwierig, gerade weil alles verläuft, aber wenn man es gut beherrscht, hat man es in der Hand«, so die Künstlerin.

Ihr Können hat Christine Huber früher oft angehenden Kunststudenten vermittelt. Sie gab Kurse, in denen sie den Schülern die Bilder vormalte und diese sie dann nachmalen sollten. Währenddessen erläuterte sie die angewandte Technik, half nach, verbesserte, kurz: hatte immer ihren eigenen Pinsel mit dabei. Einen Auftrag für eine Künstlerzeitschrift fand sie jedoch weniger kreativ – für diese Zeitschrift initiierte sie eine Rubrik mit Step-by-Step-Anleitungen: »In zehn Schritten habe ich ein vorgegebenes Bild Schritt für Schritt aufgebaut«, erinnert sich Christine Huber. Es folgte immer das Foto zum Text, alles so aufbereitet, dass Laien es gut verstehen können. »Mir hat da der Werkfluss gefehlt, das Ganze war sehr schülerhaft«, resümiert sie.

Die größten Kritiker ihrer Werke sind Tochter und Ehemann. Ihre Tochter, die selbst künstlerisch sehr begabt ist und in einer Werkstatt für Menschen mit Behinderung vielfältige Kunst produziert, sagt dann auch schon mal: »Mama, das ist jetzt nichts.« Schwierig vorstellbar, welches der außergewöhnlichen Bilder sie damit hätte meinen können …

Christine Hubers Tipp

Von Freudenstadt Richtung Kniebis fahren, am Hotel Langenwaldsee parken und über den Wiesenweg zum Campingplatz laufen – dahinter liegt der wunderschöne Langbrunnenweiher mit Grillstelle und sehr viel Brunnenkresse, davon nehme ich immer etwas für daheim mit.

ZIMMER
MANN
MEINE SÄGE KNIRSCHT MIT
DEN ZÄHNEN:
MIR IST KEIN HOLZ ZU HART,
ICH WERD'S SCHON KIRRE
KRIEGEN,
WART NUR, WART NUR,
WART!

Ziegler's Backloft

Manhattan-Style in Loßburg

Loßburg ist der erste eigene Standort, das erste eigene Grundstück und das erste selbstgebaute Gebäude der Cafés und Bäckereifilialen der Familie Ziegler. »In allen anderen Objekten unserer 25 Niederlassungen sind wir zur Miete«, erklärt Raphael Ziegler, der im Familienbetrieb für die Filialen verantwortlich ist. Vorher stand hier ein altes Haus, das abgerissen wurde. Auf diesem Grundstück wurde *Ziegler's Backloft* in Loßburg neu errichtet. Durch die innenarchitektonische Symbiose von Backstein- und Holzwänden entsteht der Eindruck, das sei ein altes, restauriertes Fabrikgebäude. Die aufwendige Deko aus alten Radiogeräten, antiken Gegenständen, Relikten aus den 1980er-Jahren und Stehlampen im Vintage-Stil tut ihr Übriges, dass man sich wie in einem Loft mitten im New Yorker Stadtteil Manhattan fühlt.

Die Deko, diese gelungene Mischung aus Antike und Moderne, hat der Ladenbauer entwickelt, der auch für die Thekengestaltung zuständig ist. »Die Familie hat die Richtung vorgegeben«, erklärt Raphael Ziegler. Seine Eltern seien viel in der Welt unterwegs gewesen, u. a. in New York und London, und hätten immer tolle Ideen mit nach Hause gebracht. »Das war der Grundstein für das Konzept unseres Erlebniscafés in Loßburg.« So werden auch alle Filialen, die künftig neu gestaltet werden, in einem ähnlichen Stil gehalten sein. »Loßburg ist unser Vorzeigeprojekt. Wir wollen in den anderen Filialen aber nicht exakt das gleiche Konzept umsetzen, sondern es immer ein bisschen abändern, damit alle Zweigstellen individuell bleiben«, ist es Raphael Ziegler wichtig. So sei gewährleistet, dass man in den einzelnen Cafés und Bäckereien zwar stets das gewohnte Sortiment vorfinde, aber dieses werde immer in einer anderen Atmosphäre präsentiert – »so wird es für die Gäste auch nicht langweilig.«

Für die Einrichtung im Loßburger *Backloft* gibt es laut Raphael Ziegler durchwegs eine positive Resonanz. »Das kann aber mitunter auch schwierig werden, denn die alten Filialen sind noch nicht auf demselben Stand, und Gäste, die schon einmal hier waren, fragen dann: ›Wieso ist es hier so schön, und in anderen

ZIEGLER'S BACKLOFT
Freudenstädter Straße 57 • 72290 Loßburg • Tel. 07446/418 10
das-ist-ziegler.de/standorte/backloft
Öffnungszeiten: Mo–Fr 5.15–19 Uhr, Sa 5.15–18 Uhr, So 7–18 Uhr

Filialen sieht es so altbacken aus?‹«, schmunzelt er. Man könne nun mal nicht von jetzt auf gleich alles auf einmal umstellen. »Aber die Leute sind begeistert und finden es hier gemütlich, das ist das Wichtigste.«

Sein Vater Roland Ziegler und sein älterer Bruder Timo Ziegler sind die Geschäftsführer des Unternehmens. Nächstes Jahr feiert das Familienunternehmen 100-jähriges Jubiläum. »Mein Vater hat das Geschäft von meinem Opa übernommen. Davor war es eine Dorfbäckerei, und es wurde klassisch im Hinterhaus gebacken«, berichtet der Leiter der Zweigstellen. Sein Vater habe dann die neue Produktion errichtet und die Filialen gebildet. Produktionsstätte und Verwaltung befinden sich heute in Schopfloch.

Das Sortiment ist die zweite Besonderheit des *Backlofts*, denn wie in den anderen Filialen auch wird hier in der Konditorei und der Bäckerei alles selbst hergestellt. Raphael Ziegler ist es sehr wichtig, »dass wir nichts anbieten, was wir zukaufen müssten. Was wir nicht selbst produzieren können, gibt es einfach nicht.« Das sei den Kunden manchmal nicht ganz verständlich, aber nur so könne man ein Auge auf die Qualität der Produkte haben. Das Sortiment in den Filialen ist immer das Gleiche, aber jede Niederlassung bietet auch etwas Besonderes an: Hier in Loßburg ist es der italienische Pizza-Ofen, in dem frische Pizza gebacken wird.

Auch auf Regionalität wird in *Ziegler's Backloft* sehr viel Wert gelegt. »Kurze Lieferwege sind uns wichtig, wir beziehen beispielsweise das Getreide aus der *Rettenmeier Mühle*

Über zwei Etagen erstreckt sich das Café, das Gebäude ist in offener Bauweise gehalten. Neben Kuchen und Pizzen werden selbst gemachte Gebäckstücke angeboten. Backsteinoptik und die Deko im Vintage-Stil ergeben ein wunderschönes Ambiente.

in Horb, und Fleisch und Wurst kommen vom Metzger aus dem Nachbarort«, erzählt Raphael Ziegler. »Soweit möglich kaufen wir regional ein.« In Sachen Nachhaltigkeit ist das *Backloft* auch weit vorne mit dabei: Auf dem Dach befindet sich eine Photovoltaikanlage, die den eigenen Strom erzeugt. Eine E-Ladesäule sowie eine Tankstelle für E-Bikes vor dem Gebäude sind ebenfalls vorhanden. »Auf diese Themen legen wir einen Schwerpunkt«, so Raphael Ziegler.

Die gelungene Symbiose aus einem innenarchitektonisch außergewöhnlichen Café und dem ausschließlich eigenproduzierten Angebot zieht zahlreiche Gäste an – das Erlebniscafé ist dafür gerüstet: Neben dem Innenbereich auf zwei Etagen gibt es einen großen Außenbereich, und man kann sogar die Fensterfronten öffnen, damit sich die Gäste im Innenbereich wie im Freien fühlen können. In Sachen Dekoration ist sicher noch nicht der finale Zustand erreicht. Raphael Ziegler berichtet, dass sich immer wieder Leute melden würden, die gerade Dachböden ausräumten und Sachen fänden, die ins Café passen würden. »Zu Hause haben wir auch noch alte Fensterläden und suchen noch ein Konzept dafür, wo die reinpassen könnten«, berichtet Raphael Ziegler. Inzwischen habe sich ein richtiges kleines Lager entwickelt mit Requisiten, die noch ihren Bestimmungsort suchen. So wird es in *Ziegler's Backloft* in Loßburg auch künftig immer wieder etwas Neues zum Entdecken geben.

Raphael Zieglers Tipp

Traumhaft schön ist das Zauberland am Kinzigsee – herrliche Natur zu jeder Jahreszeit mit Geocaching-Touren und Naturerlebnispfaden und perfekt kombinierbar mit einem Besuch des *Backlofts*.

Kirsch-Nuss-Kuchen

Lecker, locker, saftig

Zutaten
Für eine Springform (Ø 28 cm)

Für den Mürbeteig
160 g kalte Butter
80 g Zucker
240 g Mehl
1 Ei
1 Prise Salz
nach Geschmack etwas Zitronenabrieb und Vanillezucker

Für die Nussmasse
80 g Butter oder Margarine
150 g Zucker
10 g Vanillezucker
2 Eier (Gr. L)
160 g Mehl
10 g Backpulver
160 g gemahlene Haselnusskerne (alternativ Mandelkerne)
100 ml Milch
1 Msp. Zimt
1 Prise Salz

Außerdem
1 Glas Kirschen (Abtropfgewicht 350 g)

Für die Dekoration
100 g Puderzucker für den Guss
50–100 g gehobelte Mandelkerne

Zubereitung
Für den Mürbeteig aus allen Zutaten einen Teig herstellen und diesen 1 Stunde kalt stellen.

Backofen auf 180 °C (Ober-/Unterhitze) vorheizen.

Für die Nussmasse Butter, Zucker und Vanillezucker schaumig rühren. Eier unterrühren. Mehl und Backpulver mischen und über die Butter-Eier-Masse sieben. Haselnusskerne dazugeben und mit dem Rührgerät oder von Hand kurz und abwechselnd mit der Milch unterrühren.

Den Mürbeteig ausrollen und die gefettete Springform damit auskleiden. Abgetropfte Kirschen auf dem Boden verteilen, Nussmasse gleichmäßig darüber verteilen und glattstreichen. Im Backofen bei 180 °C auf der untersten Schiene etwa 50–60 Minuten backen.

Zum Servieren mit Puderzuckerguss überziehen und mit gehobelten Mandelkernen dekorieren.

CF Goldundsilberschmiede

Filigrane und feinmechanische Handarbeit

Christine Faulhabers großer Glücksfall war es wohl, dass es nach ihrem Fachlehrerstudium in den 1990er-Jahren einen Einstellungsstopp für Lehrer gab – so musste sich die PH-Absolventin nach etwas anderem umschauen. Sie hatte im Studium die musisch-technischen Fächer Handarbeit, Hauswirtschaft, Technik und Kunst gewählt. »Ich wollte immer etwas Kreatives mit den Händen machen«, erzählt die heutige Gold- und Silberschmiedin. Der Vater hatte ein Juweliergeschäft in Pforzheim und da lag es nahe, dass Christine Faulhaber eine Ausbildung in der Schmuckstadt absolvierte. So kam es, dass wir etwa 30 Jahre später an einem Aprilnachmittag in dem schönen Eckatelier der Künstlerin in Wittendorf zu Besuch sind und einen Einblick in die Arbeit einer Gold- und Silberschmiedemeisterin erhalten.

Im Jahr 2000 machte sie sich mit dem Einzug in dieses Haus selbstständig. »Als Goldschmiedin braucht man eine Eselsgeduld«, lacht die Künstlerin. »Wenn jemand einen Pullover strickt und nach Beendigung des Vorderteils entdeckt, dass in der achten Reihe ein Fehler ist, wird der Fehler irgendwie ausgebessert. Ich aber mache quasi das ganze Vorderteil wieder auf«, erklärt sie schmunzelnd. Der Perfektionismus komme aus dem Beruf heraus, betont sie: »Man muss sich gern in etwas verlieren können und am Ende in Einklang mit sich sein.«

Dass Christine Faulhaber mit ihrer Arbeitsauffassung richtigliegt, bestätigte der Gewinn eines internationalen Preises. Der Sohn der Goldschmiedin war während der Corona-Zeit in Loßburg, fotografierte für seine Mutter mit einer speziellen Fotobox ihre Schmuckstücke und erstellte einen Instagram-Account. »Die Messe Mailand suchte Designer und Goldschmiede für ihren Wettbewerb Artistar Jewels, kam über Instagram auf mich zu und wollte zehn Schmuckbilder von mir haben«, erinnert sich

CHRISTINE FAULHABER
Steigbaumstraße 9 • 72290 Loßburg-Wittendorf • Tel. 07446/911 54
goldundsilberschmiede.com
Termine nach Vereinbarung

Ch. Faulhabers Tipp

Das Technische Museum der Pforzheimer Schmuck- und Uhrenindustrie ist ein Traum: In dem wunderschönen Art-Déco-Gebäude arbeitet eine Rentner-Vereinigung an alten Maschinen und stellt die Gewerke vor. Zudem gibt es weitere interessante Vorführungen.

Christine Faulhaber, immer noch sichtlich bewegt. Von den eingereichten Bildern wählte die Jury dann einen Schmetterlingsanhänger aus. Innerhalb von vier Wochen sollte die Künstlerin dann ein Schmuckstück mit den Vorgaben erstellen, diesen Anhänger avantgardistisch und – wie sie es formuliert – »over the top« zu entwerfen. So kreierte sie einen Ring mit Schmetterling, schickte das Foto für den Artistar-Katalog nach Mailand und war entschlossen, mit ihrem Sohn und dessen Freundin nach Mailand zu reisen. »Zwei Tage vor der Messe wurde ich per WhatsApp informiert, dass ich für einen Preis nominiert worden wäre, und ich wurde gefragt, ob ich zur Verleihung kommen würde«, erzählt die Silber- und Goldschmiedin. Am Abend der Preisverleihung erhielt sie dann in dem edlen italienischen Palast in der Nähe des Mailänder Doms den »Best in Technique Award 2022«. »Guido Solari, der mir den Preis verlieh, war fasziniert davon, was ich aus einem Stück Goldblech biegen und gestalten kann«, erzählt die stolze Künstlerin. »Er sagte, ich hätte hier die klassische Art des Goldschmiedens so mit neuer Technik verschweißt, wie er es noch nie gesehen habe, deshalb hat er mir diesen Preis zugesprochen«, erzählt sie weiter.

Christine Faulhaber fertigt sehr viele Auftragsarbeiten an, denn meist kämen Kunden mit einer bestimmten Schmuckvorstellung. Sie hat aber auch eine Sammlung von losen Edelsteinen, aus denen die Kunden sich einen Stein aussuchen können, um dann mit der Künstlerin gemeinsam etwas zu entwerfen. Vor allem in der Weihnachtszeit rettet sie so manchem Ehemann das Geschenk für die Gattin: »Viele Männer kommen kurz vor dem Fest und wollen Schmuck für die Ehefrau, das ist dann natürlich schwierig«, erklärt die Künstlerin lachend. Meist würden die Männer aber die Lieblingsfarbe ihrer Frau kennen, dann einen Stein aussuchen und diesen mitsamt Gutschein für eine gemeinsame Gestaltung mit der Goldschmiedin verschenken. »Das ist etwas Besonderes und für die Beschenkten auch ein richtiges Erlebnis«, sagt Christine Faulhaber. Ebenfalls ein Erlebnis ist es für Paare, ihre Trauringe selbst zu gestalten. »Ich stelle die Grundform her, und die Oberfläche gestaltet das Brautpaar dann selbst.« Man wundere sich, wie auch ein Laie mit Profi-Anleitung über sich selbst hinauswachsen und etwas Schönes erschaffen könne, lobt sie.

Ein weiteres Standbein ihres Schaffens bildet die Zuarbeit für Juweliere. Diese rein handwerklichen Reparaturaufträge sichern Christine Faulhabers Grundeinkommen. Ein Strahlen liegt jedoch auf ihrem Gesicht, wenn sie über das kreative Gestalten von Schmuck spricht. »Spannend ist es, einen Schmuck zu kreieren, der zum jeweiligen Träger passt«, erzählt sie, beispielsweise wenn ein älteres Ehepaar mit inzwischen dünn gewordenen Trauringen vorbeikäme und sie dann die vorhandenen Ringe in neue integriere. Bei so viel Potenzial wird man sich nicht wundern, wenn die Medien nach einer weiteren Messe der Artistar Jewels erneut über Christine Faulhaber berichten …

Jedes liebevoll gefertigte Stück in Christine Faulhabers Atelier ist ein Unikat. Die Künstlerin kreiert am liebsten Schmuck, übernimmt aber auch Reparaturarbeiten für Juweliere. Der prachtvolle Anhänger brachte Christine Faulhaber einen Preis ein!

Alpirsbacher Glasbläserei

Traditionelle und filigrane Glaskunst

Horst Giesa ist zwar viel herumgekommen in Deutschland, wurde aber letztendlich im Nordschwarzwald sesshaft. Seine *Alpirsbacher Glasbläserei* befindet sich im Ortskern von Alpirsbach, direkt neben dem berühmten Kloster und dem *Alpirsbacher Klosterbräu*. Das denkmalgeschützte Gebäude, in dem die *Glasbläserei* untergebracht ist, war einmal eine Gastwirtschaft. »Die Räumlichkeiten hier waren früher die Werkstatt«, erzählt Horst Giesa. Esse und Ofen sind noch da, ansonsten hat die Brauerei, der das Gebäude gehört, alles so umgebaut, wie es für eine Glasbläserei sein soll. Dann wurde der gebürtige Göttinger gefragt, ob er die Räumlichkeiten für die Glasbläser-Kunst nutzen möchte.

»Ich bin vor 27 Jahren in die Gegend gekommen«, berichtet Horst Giesa, der im Bayerischen Wald aufgewachsen ist. Seine Ausbildung absolvierte er an der Kunstfachschule in Zwiesel; anschließend arbeitete der geborene Göttinger unter anderem in Berlin und München für die Firma Osram, wo er in der Forschungsabteilung Lampen kreierte, aber auch einen umfassenden Überblick erhielt. »Mich interessierte das dann mit den Lampen alles nicht mehr, ich wollte mich selbstständig machen«, erinnert er sich. Und das tat er dann 1976, direkt nach seiner Meisterprüfung.

Für die nächsten 20 Jahre hatte Horst Giesa in München eine Werkstatt und reiste in dieser Zeit viel durch Deutschland, um beispielsweise auf Kunsthandwerkermessen auszustellen. »In Bremen habe ich dann meine Frau kennengelernt«, erzählt der Glasbläser. »Dort hatte ich eine Doppelgarage angemietet, einen Glasbläsertisch aufgestellt und Feuer gemacht. Nur einen Tag später stand die Presse vor meiner Tür«, lacht Horst Giesa. Es habe sich herumgesprochen, dass »da einer sitzt und irgendwas macht«.

Besagte Frau war es dann auch, die das Ehepaar vor knapp drei Jahrzehnten nach

ALPIRSBACHER GLASBLÄSEREI
Krähenbadstraße 3 • 72275 Alpirsbach • Tel. 07444/6009 • glasblaeserei-alpirsbach.de
Öffnungszeiten: Mo–Fr 10–18 Uhr, Sa 10–16 Uhr, ab Ostern So 14–17 Uhr

Alpirsbach brachte – genauer gesagt nach Rötenberg. Die beiden wollten sich irgendwo niederlassen, wo viele Touristen hinkämen, und sahen sich deshalb nach einer Bleibe im Nordschwarzwald um, wo es traditionell viele Glasbläser und Glashütten gibt. »Mein Cousin hat in Rötenberg ein Haus geerbt«, erzählt der Glasbläser, das bis dato zehn Jahre lang leer gestanden habe. »Als wir es anschauten, hat es furchtbar geregnet – hier wollten wir zunächst nicht bleiben«, berichtet er. Die Giesas übernachteten aber in diesem Haus, und am nächsten Morgen schien die Sonne von einem blauen Himmel und über die grüne Wiese vor dem Haus. »Da hat meine Frau gesagt: ›Hier kriegst du mich nicht mehr weg‹«, erinnert sich Horst Giesa. Schon einen Tag später erhielt der Glasbläser einen Anruf. »Ich wurde gefragt, ob ich eine Werkstatt bräuchte, ich könne in die alte Schmiede gehen«, freut sich Horst Giesa noch heute. Dort zog der Glasbläser zunächst ein und ließ die Tür beim Arbeiten meist offen stehen. »Viele Neugierige haben mir dann zugeschaut«, so Horst Giesa.

Seine Werkstatt befindet sich noch immer dort, aber inzwischen arbeitet er lieber in seiner *Glasbläserei* im Ort, wo er die feinsten und filigransten Glaskunstwerke zaubert. Für die zum Teil daumengroßen Tiere dienen ihm Schleich-Figuren als Vorlage. »Diese Tiere sind sehr naturgetreu nachgebildet und zeigen mir damit, wie das Tier steht, wie es sitzt«, erklärt der Fachmann. »Je feiner gearbeitet werden muss, desto mehr Spaß macht es mir«, ergänzt er. »Schon immer hieß es, wenn etwas

Aus farbigen Glasröhrchen werden kunstvolle Formen gezaubert. Kein Stück gibt es zweimal in Horst Giesas Glasbläserei. Je filigraner, desto lieber macht sich der Künstler ans Werk, der für seine feinen Arbeiten bekannt ist.

ganz klein und fein werden sollte: Lasst das mal den Horst machen.«

Der Glasbläser erstellt auch Auftragsarbeiten. »Jemand wollte einmal 25 Wölfe haben«, erinnert er sich. Ein anderes Mal gab ein Harley-Club eine Flasche mit einem Motorrad darin in Auftrag. Daneben gibt es viel Klassisches in Giesas Laden zu erwerben: Biergläser, Deko-Artikel, grazile Figuren, bunt bemalte Accessoires und vor allem Weihnachtsschmuck. Im Weihnachtskeller herrscht das ganze Jahr über Weihnachtsstimmung, denn hier werden klare Glaskugeln angeboten, die gegen jeden Trend rot, gold- und rosafarben angemalt sind. »Am Weihnachtsbaum meiner Oma war alles Natur. Mit Draht waren Süßigkeiten, Tannenzapfen und Nüsse angebracht und dazu klare Glaskugeln, weil man sich bunte nicht leisten konnte«, erinnert sich der Künstler. Und damit schließt sich der Kreis zu seiner Kindheit – die klaren Glaskugeln hängen in der Vorweihnachtszeit an einem etwa drei Meter hohen Weihnachtsbaum im Verkaufsraum der *Alpirsbacher Glasbläserei.*

Auch während der Corona-Pandemie, als die *Glasbläserei* geschlossen bleiben musste, produzierte Horst Giesa weiter. »Meine Frau sagt immer: ›Der kann nichts anderes‹«, erzählt er. Die gute Nachricht dabei: Die Schaffenskraft und Kreativität des Künstlers lassen hoffen, dass man sich in Alpirsbach noch lange an klassischer Glasbläserkunst erfreuen darf.

Horst Giesas Tipp

Eine Brauerei-Führung im benachbarten *Alpirsbacher Klosterbräu* lohnt sich sehr – am besten verbunden mit einem Besuch zuvor in der *Glasbläserei.*

Ortenau

Anjas Schokostübchen

Ein Traum aus Schokolade

Das Schoko-Café mitten in einem Wohngebiet in Achern zeigt sich von außen modern mit verglaster Front und lässt uns gespannt eintreten in Vorfreude darauf, was uns wohl unter dem verlockenden Begriff »Schokostübchen« erwarten mag. Ein schokoladiger Duft empfängt uns und lässt uns das Wasser im Mund zusammenlaufen. Der Grund offenbart sich schnell: In einer originell rund gebauten Theke reiht sich eine Köstlichkeit an die andere – Pralinen in allen Farben, optische Highlights wie schokoladige Bollenhüte und weitere kunstvolle Schokokreationen reihen sich hier nebeneinander.

»Angefangen haben wir in unserer früheren Doppelgarage hier auf dem Grundstück«, erzählt Wolfram Lutz, Ehemann der Inhaberin Anja Panter und inzwischen Vollzeit im *Schokostübchen* beschäftigt. »Zu der Zeit haben wir nur Schokolade in allen Variationen produziert: Tafelschokolade, Pralinen und Bruchschokolade – alles aus eigener Herstellung.« Zuerst habe seine Frau das alleine gemacht, während er noch in Vollzeit als Bäckermeister gearbeitet habe, berichtet Wolfram Lutz weiter. Nach seinem Feierabend habe er dann bei der Produktion geholfen. »Anfangs waren wir viel auf Märkten unterwegs«, erinnert sich das Ehepaar. Da seien sie mit ihrem Holzverkaufswagen beim Vogtsbauernhof oder auf Weihnachtsmärkten vertreten gewesen. Der Bäckermeister schmunzelt: »Die Leute haben uns auf den Märkten gefragt, wo man die Sachen sonst noch kaufen könne und dann mussten wir ihnen sagen, dass man sie eigentlich bei uns kaufen kann, dass wir aber noch keinen Laden hätten.« Zunächst wurde das Wohnzimmer hergerichtet und die Ware dort bereitgestellt. Die Leute erhielten Termine, wann sie vorbeikommen konnten. »Dann überlegten wir, ob wir uns vergrößern oder aber aufhören sollten«, so Wolfram Lutz. Die Entscheidung fiel zugunsten der Vergrößerung, und drei Jahre später wurde das Café gebaut.

Das Ehepaar ist stolz darauf, dass *Anjas Schokostübchen* auf Schokolade spezialisiert ist, wie es sie sonst in dieser Gegend nicht gibt. »Andere Konditoreien stellen nur Hohlfiguren

ANJAS SCHOKOSTÜBCHEN

Oberacherner Straße 98 • 77855 Achern-Oberachern • Tel. 07841/6730246
anjas-schokostuebchen.de
Öffnungszeiten: Mi–Fr 9–18 Uhr, Sa 7–19 Uhr, So 10–18 Uhr

Anjas
Anjas
SCHOKO-STÜBCHEN

Unser Tipp

Vom Bienenbuckel oberhalb von *Anjas Schokostübchen*, mitten in den Weinbergen, kann man vom Aussichtspavillon »Jockele-Guck« einen schönen Blick über die Reben, Achern und die Umgebung bis hin zu den Vogesen genießen (im Café gibt es übrigens eine Bienenbuckeltorte).

her, also Weihnachtsmänner und Osterhasen. Aber niemand produziert so wie wir hier solche Figuren, alles ist personalisiert.« Damit meint der Fachmann nicht nur die vielfältige Pralinenauswahl, sondern auch die kleinen und großen Kunstwerke, die aus Schokolade geschaffen werden und die die Regalwände füllen. »Etwa 60 Prozent unseres Angebots macht die Schokolade aus, 40 Prozent der Kuchen, und im Sommer kommt noch der Eisverkauf dazu«, erläutert Wolfram Lutz.

Apropos Kuchen: Längst ist unser Blick an der Schwarzwälder Kirschtorte hängengeblieben, die alles andere als gewöhnlich ist, denn sie ziert der klassische Schwarzwälder Bollenhut in Pralinenform. »Die Form haben wir extra herstellen lassen«, so Wolfram Lutz und Anja Panter. »Diese wird rot mit Schokolade eingefärbt, dann kommt Karamellschokolade obendrauf, und fertig ist der Hut. Darunter kommt ein Hohlkörper, der mit Kirschwasser oder Knuspernougat gefüllt wird und auf den dann der Bollenhut draufgesetzt wird«, verrät uns der Bäckermeister. Sieht einfach großartig aus und schmeckt köstlich! Viele Kunden holen sich die »Hüte« für zu Hause, um sie als Kuchendekoration zu verwenden, weiß Wolfram Lutz. »Sie ist etwas Besonderes, das es sonst nirgendwo gibt.« Viele würden so etwas aus

Marzipan herstellen, ergänzt er – »wir machen es aus Schokolade«.

Der Bollenhut ist aber längst nicht die einzige kreative Schöpfung des Schoko-Cafés. »Oft beauftragen uns Kunden beispielsweise mit Pralinen, die mit dem Schnaps aus einer Brennerei der Gegend oder mit Whisky gefüllt sind«, so der kreative Pralinen-Produzent. Es gibt viele Anregungen: Da werden Safran-Pralinen angefragt, weil jemand in der Gegend Safran anbaue, oder auch mal Bier-Pralinen mit Bier aus einer örtlichen Brauerei. »Bis so eine Praline getestet und fertig für den Verkauf ist, dauert es sicherlich ein Viertel- bis ein halbes Jahr.« Und es findet alles Anklang, was in *Anjas Schokostübchen* kreiert wird. Die Gäste sind hauptsächlich Stammkunden oder solche, die aus den Urlaubsgemeinden gezielt hierherkommen. »Und wer kommt, der kauft auch bei uns ein«, berichten die Betreiber lachend.

Anja Panter stammt direkt aus dem Ort, das Café steht auf dem Grundstück ihres Elternhauses. Sie ist Bäckereifachverkäuferin und Industriekauffrau. Ihren Mann, einen gebürtigen Kehler, lernte sie während ihrer gemeinsamen Tätigkeit in der *Bäckerei Orlemann* in Ottenhöfen kennen. Anschließend betrieb das Ehepaar sechs Jahre lang in Hornberg eine Bäckerei, danach folgte der Einsatz auf den Märkten, und seit September 2013 können es sich Gäste im Café des *Schokostübchens* bei einer heißen Schokolade aus eigener Herstellung und einem Stück Schwarzwälder Kirschtorte mit Bollenhut-Deko gutgehen lassen.

Die runde Theke, gefüllt mit den leckersten Kostbarkeiten, ist eine Spezialanfertigung. Auch Bruchschokolade wird in *Anjas Schokostübchen* hergestellt. Die Pralinen in Bollenhut-Optik gibt es in dieser Form sonst nirgends.

Edelherb-Sahnetrüffel

Köstlichkeit aus *Anjas Schokostübchen*

Zutaten
Für 30 Trüffel

Für die Schokoladen-ganache
95 g Sahne (30 %)
40 g Glukosesirup
20 g Markenbutter
65 g Maracaibo Creole (49 %)
50 g Maracaibo Clasificado (65 %)

Außerdem
30 Stück dunkle Pralinen-Hohlkörper (Trüffel)
sowie etwas Schokolade zum Verschließen der Pralinen

Für die Dekoration
400 g dunkle Kuvertüre
100 g weiße Kuvertüre
100 g Vollmilchkuvertüre

Zubereitung
Für die Schokoladenganache Sahne, Glukosesirup und Butter in einem kleinen Topf einmal aufkochen lassen. Maracaibo Creole und Maracaibo Clasificado in einer Schüssel zusammen abwiegen.

Die aufgekochte Sahne-Mischung kurz abkühlen lassen und auf die Maracaibo-Schokolade gießen. Alles gut verrühren, sodass eine glatte Masse entsteht, und diese auf etwa 30 °C abkühlen lassen.

Die Schokoladenganache in einen Spritzbeutel füllen und in die Pralinen-Hohlkörper bis etwa 2 mm unter den Rand einfüllen. Dann die Öffnungen der gefüllten Pralinen-Hohlkörper mit etwas geschmolzener Schokolade verschließen und die Kugeln bei Zimmertemperatur 12 Stunden stehen lassen.

Für die Dekoration die dunkle Kuvertüre über einem heißen Wasserbad schmelzen und auf 30 °C erwärmen, dabei gut verrühren. Die gefüllten Pralinenkugeln in die dunkle Kuvertüre tauchen und zum Trocknen auf ein Gitter legen.

Nach etwa 30 Sekunden Trockenzeit die Kugeln mit einer Gabel über das Gitter rollen, damit ein Zackenmuster entsteht, und diese dann auf einem mit Backpapier ausgelegten Blech ablegen.

Weiße und Vollmilchkuvertüre getrennt über einem heißen Wasserbad schmelzen, dabei jeweils auf 29 °C erwärmen.
Die Pralinenkugeln dann abwechselnd mit den Kuvertüresorten verzieren.

Hinweis
Die Zutaten für die Edelherb-Sahnetrüffel können unter info@anjas-schokostuebchen.de bestellt werden.

Café im Grünen

Von Blumen, Kuchen und glücklichen Gästen

Nomen est omen: Im *Café im Grünen* ist es immer grün. Das liegt an der sehr gelungenen Symbiose aus einem Blumen- und Pflanzenmarkt und einem Cafébetrieb. Im Innenbereich sind die Tische des Cafés in die Pflanzenwelt integriert – oder umgekehrt: Blumen und Pflanzen der Gärtnerei hübschen den Café-Bereich auf und sorgen für eine mediterrane Atmosphäre. So oder so, man ist von Grün umgeben, während man sich ein Frühstück, den leckeren Mittagstisch oder Kaffee und Kuchen schmecken lässt.

»Das ganze Gebäude ist ein Architektenbau, und auch das Café wurde von einem Architekten entworfen, weil es unkonventionell sein sollte. Es wurde so angepasst, dass es in das vorhandene Gebäudekonzept hineinpasst«, erläutert Walter Vollmer, Inhaber sowohl der Gärtnerei Vollmer als auch des *Cafés im Grünen*. Schon 2016 habe er die Inspiration gehabt, eine solche Verbindung zu realisieren, sei aber dann noch einmal von dem Gedanken abgekommen, bis er dann 2019 das Gesamtkonzept ins Leben gerufen habe. Stolz sind der Besitzer und seine Gastronomieleiterin Samantha Villette auch auf die Terrasse im Außenbereich. »Im Sommer ist es großartig, von den Tischen aus auf das Kornfeld des Bauern zu schauen oder im Wechsel auf ein Maisfeld«, so der Besitzer. Am Rand der Terrasse befindet sich ein Hochbeet mit Kräutern: »Die Köchin kommt auch öfter mal in ihrer Schürze raus und holt Kräuter, das ist authentisch bei uns, kein Fake«, ergänzt das Team lachend.

Die Terrasse ist eine von vielen Maßnahmen, die für die Entwicklung des Cafés nach und nach ergriffen wurden. »Wir haben klein angefangen und erweitern immer mehr. Wir sind gewachsen mit den Menschen, die kommen. Denn mit dem Ambiente, dem Angebot und der Ausstrahlung wachsen alle mit, das ist ein schöner Prozess«, freut sich Samantha Villette. Die Terrasse ist nicht die letzte Station im Entwicklungsprozess. Im Gegenteil, das nächste Projekt ist bereits in Planung: »Auf der freien Rasenfläche neben dem Gebäude soll ein Rundpavillon im mediterranen Stil entstehen mit einer Steinmauer und einem bepflanzten Hügel. Das ist eine zusätzliche Erweiterung, dort werden wir weitere Tische unterbringen«,

CAFÉ IM GRÜNEN
Sanderstraße 2 • 77767 Appenweier • Tel. 07805/912 34 92 • vollmer-gaertnerei.de
Öffnungszeiten: Mo–Fr 9–17 Uhr, Sa 9–14 Uhr

'Alle Speisen und Getränke auch zum Mitnehmen
WC

skizziert Walter Vollmer das Vorhaben. Wichtig ist ihm auch: »Wir wollen größer werden, aber auf unsere Art und Weise. Das heißt, wir wollen zusätzliche Sitzmöglichkeiten schaffen, aber nicht in den konventionellen Gastrobereich rutschen.« Das Flair dürfe mit zu vielen Tischen nicht auf der Strecke bleiben, denn eben dieses spezielle Flair, »das ist es, was uns ausmacht«.

Mit dem Gemüseanbau hat einmal alles begonnen. Walter Vollmers Opa betrieb den Anbau und erweiterte das Angebot mit einem Hofladen – der im Übrigen auch heute noch das Gesamtkonzept ergänzt. Später kamen Blumen und Pflanzen dazu, und die Gärtnerei war geboren. Sie befand sich früher als eine viel kleinere Version als die heutige in der Bachstraße in Appenweier. Im April 2017 eröffnete Walter Vollmer das aktuelle, größere Geschäft, und 2020, vier Wochen vor dem Corona-Lockdown, startete der Café-Betrieb. »Weil wir aber mit den Produkten des Hofladens auch Lebensmittel im Sortiment haben, durften wir schnell wieder öffnen«, ist der Inhaber noch heute froh.

Besagter Hofladen ist mit ausschließlich regionalen Produkten bestückt. »Wir haben nur ein schwäbisches Unternehmen mit dabei«, schmunzelt Walter Vollmer, und zwar, weil deren Verpackungen so schön seien. Alle anderen Produkte, wie Eier und Nudeln, haben nur Zulieferwege von zwei bis zehn Kilometern Länge. Sogar der Whisky stamme aus dem nahen Sasbach. »Es gibt richtig tolle Sachen in der Region!«, freut sich Walter Vollmer. Für ihn ist der Kontakt zu den hiesigen Anbauern sehr

Der Außenbereich grenzt direkt an ein Feld, auf dem im jährlichen Wechsel Mais und Weizen angebaut werden. Im Innenbereich stehen die Tische des Cafés zwischen Pflanzeninseln. Auch Hofprodukte aus eigener Erzeugung gibt es zu kaufen.

wichtig. Man erhalte immer gute Ratschläge, und dementsprechend zeichne sich auch die Café-Küche durch Frische und Regionalität aus, ergänzt Samantha Villette. Das Fleisch stammt von einem Metzger im Ort, die Kuchen werden täglich frisch in einer kleinen familiengeführten Manufaktur im Nachbarort gebacken, und möglichst viele Lebensmittel entnimmt man dem eigenen Anbau.

»Es stimmt alles«, fasst Walter Vollmer das Konzept zusammen. »Und unsere Köchin kreiert wunderbare Speisen. Denn was bringt uns die schönste Atmosphäre, wenn das Essen nicht schmeckt?«, fragt er lachend. Die ursprüngliche Intention sei gewesen, dass der Kunde Blumen kaufe und sich dann noch einen Kaffee gönnen würde. Jetzt aber sei es andersrum: »Die Dynamik geht vom Café aus«, berichtet der Inhaber. Die Leute kämen morgens gezielt zum Frühstücken und gingen dann vom Café aus in den Blumenladen. »Das hätte ich mir so nicht vorgestellt«, betont er. Und seine Gastroleiterin ergänzt, dass die Stammgäste vor allem das Menschliche im *Café im Grünen* schätzen. »Uns macht der familiäre Umgang mit den Gästen aus«, strahlt sie. »Wir können zusammen Spaß haben, und die Gäste können mit ein Schwätzchen halten, denn wir haben ein Gespür für unsere Gäste.« Und beide, Inhaber und Gastroleiterin, sind sich einig: »Mit dem Blumenladen haben wir versucht, die Leute zufriedenzustellen. Mit der Gastro machen wir die Gäste glücklich.«

Walter Vollmers Tipp

Die französische Stadt Straßburg mit ihrem bekannten Münster liegt direkt vor den Toren der Gärtnerei. Von Appenweier erreicht man Straßburg sehr gut mit dem Zug.

Erdbeer-Buttermilch-Smoothie

Wunderbare Erfrischung für den Frühling

Zutaten
Für 4 Portionen

250 g frische Erdbeeren
250 ml kalte Buttermilch
60 g Zucker
1 Spritzer Zitronensaft

Zubereitung
Die Erdbeeren waschen und klein schneiden. Dann zusammen mit den restlichen Zutaten im Mixer pürieren und den Smoothie gekühlt servieren.

Erdbeer-Knuspermüsli mit Joghurt

Eigenkreation aus der »immergrünen« Küche

Zutaten
Für 4 Portionen

Für die Joghurtcreme
125 g Magerquark
250 g Naturjoghurt
150 g Zucker
1 TL Vanillezucker

Außerdem
240 g Erdbeeren
1 gehäufter EL (ca. 100 g) Knuspermüsli

Zubereitung
Die Zutaten mit dem Handrührgerät verrühren. Die Erdbeeren waschen, klein schneiden, abwechselnd mit der Joghurtcreme in ein Glas schichten und mit dem Knuspermüsli garnieren.

MASKENschnitzerei

Hexen, Teufel und schielende Ziegen

Wolfgang Ducksch ist gelernter Holzbildhauermeister und hat in seinem Leben schon so viel geschnitzt, dass er in Oberkirch einen ganzen Laden (den ehemaligen Schuhladen) mit seinen gesammelten Werken füllt. Die zahlreichen geschnitzten Figuren kann man dort kaufen – das Hauptaugenmerk des Holzhandwerkers liegt jedoch inzwischen auf Masken in allen Größen, Arten und Variationen. »Ich habe vorher Mönche, Grinsende, Heilige und Madonnen geschnitzt«, erzählt Wolfgang Ducksch. Doch mit der Zeit verlegte sich der Künstler immer mehr auf Masken und schnitzt diese nun seit zwölf Jahren ausschließlich. Die Werkstatt hierfür ist in einem anderen Ladengeschäft als sein gesamtes Lebenswerk untergebracht, und zwar in der Hauptstraße von Oberkirch.

»Es gibt Fasnet-Vereine in ganz Deutschland, aber ich schnitze überwiegend für die in Baden-Württemberg«, erklärt Wolfgang Ducksch. Dabei bearbeitet er je nach Auftrag vorhandene Masken, die er auf Wunsch der Vereine umgestaltet, wenn diese beispielsweise keinen eigenen Schnitzer haben. Er entwirft aber auch komplett neue Masken. Viel Kreativität ist gefragt, wenn ein Verein kommt und ausgefallene Vorstellungen davon hat, wie eine Maske werden soll. »Ein Konstanzer Verein ist zu mir gekommen und wollte zwölf Einhörner als ›Rheinhörner‹, weil Konstanz ja am Rhein liegt«, berichtet der Holzschnitzer lachend. Die zusätzliche Herausforderung bei diesem originellen Projekt war, dass alle zwölf Masken unterschiedlich werden sollten. »Jeder wollte zum Beispiel eine andere Augenfarbe«, so Ducksch. Das Ergebnis überzeugte wohl, denn als Folgeprojekt wurde der Holzkünstler mit der Herstellung der Maske »Konstanzer Böckle« beauftragt.

Wie sieht der Entstehungsprozess einer so kunstvoll gefertigten hochwertigen Maske aus? Der Maskenschnitzer bekommt eine Vorlage als Foto oder Bild, nach der er ein Modell aus Plastilin entwirft. »Man muss eine Maske dreidimensional erfassen können«, erklärt der Fachmann. Wenn die Vorlage gefällt, schnitzt er sie. Das Holz, das er dafür verwendet, ist Linde. »Nur wenn die Nase extrem vorstehen soll oder die Wangen ganz dick werden sollen,

MASKENSCHNITZEREI
Hauptstraße 15 • 77704 Oberkirch • Tel. 07802/6706 • maskenschnitzerei.de
Öffnungszeiten: Mo–Fr 9.30–12/14.30–17 Uhr, Sa 9–12 Uhr

Wolfgang Duckschs Tipp

Auf dem Lautenbacher Teufelssteig begegnet man den Figuren der Narrenzunft Höllwaldteufel Lautenbach e. V. Der 12 km lange Rundweg startet am Bahnhof in Lautenbach und beinhaltet neben den Teufeln Highlights wie die Burgruine Neuenstein und den Teufelsschuppen (Einkehrmöglichkeit).

verwende ich Weimutskiefer. Davon gibt's hier im Schwarzwald im Renchtal einen großen Bestand.« Das Holz kauft Wolfgang Ducksch im hiesigen Wald beim Forstamt und lässt es sich einsägen. Ist die Maske fertig geschnitzt, bemalt der Künstler sie selbstverständlich selbst mit Plakafarben und überzieht sie anschließend mit einem Lack. Auch für die Behaarung und die Ausstattung der Augen ist der Holzschnitzer zuständig. Hierfür kauft er Glasaugen, echte Hörner, Kunstfell und Pferdeschweife zu – die Haare sind entweder aus echtem Rosshaar oder aus Kunstfell. Die Münder werden mit echten Schweinezähnen ausgestattet, die Wolfgang Ducksch vom Metzger bezieht.

Schnitzen geht nicht immer verletzungsfrei vonstatten, davon kann auch Wolfgang Ducksch ein Lied singen. Früher habe er die Maske ganz am Ende zum Aushöhlen zwischen die Oberschenkel genommen. »Dabei habe ich mir einmal mit dem Messer durch den Mund der Maske hindurch in den Oberschenkel gestochen«, erinnert er sich. Seitdem spannt er die Masken ein, wenn er sie aushöhlt.

Dass der Maskenschnitzer selbst ein großer Fasnet-Fan ist, kommt ihm während der schöpferischen Schaffensphase natürlich sehr zugute. Der gebürtige Dresdner zog 1963 nach Oberkirch; in der dortigen Narrenzunft ist auch er Mitglied. »1980 stieg man im Verein bei den Masken von Kunststoff auf Holz um, und ich habe den Auftrag dafür erhalten«, berichtet Wolfgang Ducksch. Drei Jahre später machte er sich selbstständig. Auch heute noch sei die Auftragslage sehr gut, mehrere Vereine ordern eigene Masken, aber auch ganz neu gegründete Zünfte treten an den Holzschnitzer heran. Es spricht sich herum, dass hier Kunst, Leidenschaft und Kreativität vereint sind. Unterstützung erhält der Künstler von einem freien Mitarbeiter, der das Geschäft planmäßig einmal übernehmen soll und der zurzeit hauptberuflich im Europapark für die Figuren in der Geisterbahn zuständig ist.

Ein absoluter Blickfang in Wolfgang Duckschs Laden ist die Theke: Diese besteht aus einer höchst grimmig dreinblickenden grünen Riesenmaske mit übergroßer Nase, auf die ein Brett als Ablage aufgesteckt ist. »Solche Masken in dieser Größe werden in Kunststoff aus PU-Schaum für die größeren Vereine gefertigt«, erklärt der Experte, beispielsweise als Figur, die aus einem Felsen herauskommt. Die Theke für sich alleine betrachtet ist indes ein gruseliger Anblick – doch umgeben von Monstern mit spitzen Zähnen, Hexen mit verwarzten Nasen, Teufeln mit gefletschten Zähnen und schielenden Tiergestalten wirkt sie hier an ihrem Platz absolut stimmig.

In der Werkstatt des Schnitzers kann man den Entstehungsprozess einer Maske sehr gut nachvollziehen. Die meisten Masken haben etwas Gruseliges – einige nette Kerlchen bilden aber eine Ausnahme. Fein zu arbeiten, ist das A und O der Schnitzkunst.

Katja Schneider

Anni und die Kinder des Universums

Um ein tieferes Verständnis für Katja Schneiders Werke zu erhalten, ist der Begriff »Pareidolie« wichtig. Damit ist gemeint, dass man in Dingen und Mustern vermeintliche Gesichter und vertraute Wesen oder Gegenstände erkennt. »Bei mir ist das auf jeden Fall so«, lacht die vielseitige Künstlerin. »Das Gehirn will etwas Bekanntes erkennen, und dann sieht man eben überall Gesichter.« So entstanden zahlreiche ihrer Werke. Sie laufe durch den Wald, erzählt sie, und habe eine Idee, beispielsweise ein Waldwesen zu malen. »Ich habe dann schon ein Gerüst im Kopf, aber wenn ich zu Hause mit dem Malen beginne, kann es sich herausstellen, dass es gar nicht für Erwachsene wird, wie zunächst gedacht, sondern es wird kindlicher, die Figur arbeitet sich heraus«, erklärt Katja Schneider ihre Vorgehensweise. Sie illustriert, zeichnet und malt – das sei die Grundlage dafür, »dass immer eine Mischung aus Erwachsenem und Kind herauskommt«.

Vor allem die beiden Serien »Kinder des Universums« und »Nachts im Schwarzwald« sind so entstanden. Katja Schneider malt mit Polychromos (Ölkreiden) auf schwarzem Tonpapier. Durch das Dunkle kommen die Farben sehr schön heraus und leuchten regelrecht. Besonders hell funkeln die Sterne in »Nachts im Schwarzwald«. »Immer, wenn auf meinen Bildern ein Stern zu sehen ist, darf der Betrachter sich ausruhen und mit sich selbst beschäftigen« – damit gibt die Künstlerin den Menschen Gelegenheit, innezuhalten und abzutauchen. Sie weiß, dass die Betrachter ihrer Bilder Ruhe finden wollen, denn »das will ich selber und transportiere es über meine Bilder auch so«, erklärt Katja Schneider ihre Philosophie.

Im gesamten Schwarzwald begegnet man Katja Schneider vor allem über die von ihr geschaffene Kinderfigur der Anni. Sie hat sich zum Familienmaskottchen der Region entwickelt, mit großen Kulleraugen und dem selbst gebastelten Bollenhut. Darauf angesprochen, wie Anni entstanden ist, lacht die Künstlerin und erzählt, dass sie während eines Bürojobs, den sie bis 2012 ausübte, nebenher immer vor sich hingemalt habe. »Es kamen zuerst die Augen von Anni«, erinnert sie sich. Dann habe sie überlegt, wie sie das weiter zu einer Figur

KATJA SCHNEIDER
Ziegelstraße 19 • 77656 Offenburg • Tel. 0175/9834958 • kschneider.de
Termine nach Vereinbarung

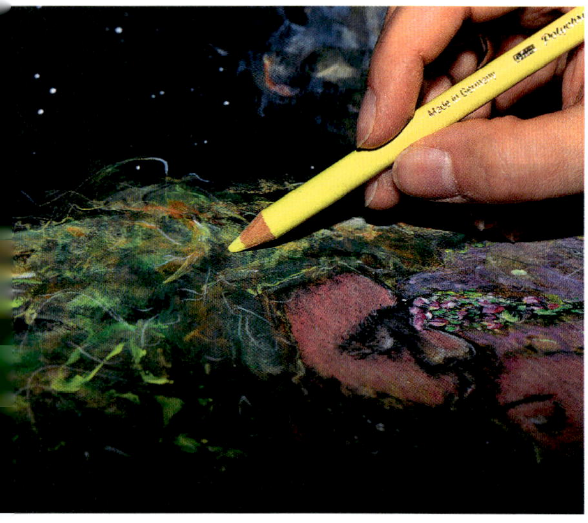

für den Schwarzwald verarbeiten könnte, und ergänzte zunächst den Bollenhut. Zu Hause landete das Projekt dann aber erst einmal für zwei Jahre in der Schublade. Erst nachdem sie ihren Bürojob gekündigt hatte, trat sie in Offenburg auf einer Messe mit einer colorierten Postkarte dieses Mädchens an einen Schwarzwald-Stand heran. Dabei traf sie auf Uwe Baumann von Kosmos Schwarzwald (siehe »Noch mehr Begegnungen«), der sehr interessiert daran war – so entwickelten die beiden gemeinsam die Figur Anni weiter.

»Wir haben zusammen herausgefunden, dass die Anni eigentlich das Ich meiner Kindheit ist«, erzählt Katja Schneider mit strahlenden Augen. Sie habe eine unbeschwerte Kindheit gehabt und sei viel in der Natur gewesen. »Und so ist auch Anni ein lustiges, fröhliches Mädel«, freut sich ihre Schöpferin. »Die Geborgenheit meiner Kindheit will ich an die Kinder weitergeben.« Und so freute sie sich umso mehr, als die Schwarzwald Tourismus GmbH auf sie zukam und vorschlug, die Figur zum Familienmaskottchen zu ernennen. »Seitdem ist das von Jahr zu Jahr gewachsen«, berichtet die Offenburgerin. Heute gibt es flächendeckend über den Schwarzwald verteilt Anni-Wanderrouten, die wie Schnitzeljagden gestaltet sind: Während der Wanderungen sind Aufgaben zu lösen, und meist dreht es sich dabei um spezielle Geschichten rund um die entsprechende Gemeinde. Bei den jeweiligen Tourist-Informationen gibt es hierfür Rucksäcke zum Ausleihen mit dem benötigten Touren-Material.

Katja Schneiders Bildern ist eigen, dass immer eine Mischung aus Erwachsenem und Kind herauskommt. Sie malt mit Ölkreide auf dunklem Tonpapier, das ergibt einen tollen Kontrast. Katja Schneiders St. Bridget illuminierte in Irland mehrere Objekte.

Katja Schneider möchte jedoch nicht auf die Figur der Anni reduziert werden. »Anni war zwar für mich ein ›Door Opener‹, denn viele Aufträge kamen dann über sie«, sagt sie. Seit 2023 habe sie künstlerisch aber einen großen Schritt gemacht und werde nicht mehr nur als »Mama von Anni« anerkannt. So waren beispielsweise ihre Werke fast das ganze Jahr über im Schwarzwaldhaus der Sinne in Grafenhausen ausgestellt. Aber auch international hat sich die Künstlerin positioniert: »Ich habe eine Parallelwelt«, erzählt Katja Schneider regelrecht verträumt. »Ich fühle mich sehr zu Irland hingezogen, die Menschen dort sind noch geerdet, und ich finde viele Übereinstimmungen mit dem Schwarzwald.« Sie hat irische Sagen und Mythen malerisch umgesetzt und sich mit der irischen Kultur beschäftigt.

Anlässlich des neu gegründeten irischen Nationalfeiertags St. Bridget malte sie die Heilige und postete sie auf Social Media. »Daraufhin wurde ich eingeladen, an diesem Feiertag mein Werk als Teil mehrerer Lichtshows in Galway, Roscommon und Kildare zu zeigen«, strahlt die Irland-Liebhaberin. Sie konnte es kaum glauben, als Deutsche ihr Gemälde der irischen Heiligen dort ausstellen zu dürfen, und beleuchtete u. a. einen Turm und eine Kathedrale. »Ich war total aus dem Häuschen«, freut sie sich noch heute. Mit Sicherheit wird dieses Engagement, wie schon die Figur der Anni, der Auftakt für weitere große Kunstwerke der Offenburger Malerin sein.

Katja Schneiders Tipp

Auf »Annis Abenteuer-Tour« in Oberkirch-Nussbach erfährt man die spannende Geschichte von Tierpfleger Nevi und seinem kranken Zirkuspferd und löst dabei Rätsel. Der Rundweg ist knapp 6 km lang, mit Start am Weingut Herztal. Den Rucksack erhält man mit Voranmeldung bei der Renchtal Tourismus GmbH (Tel. 07802/82600).

Marktscheune Berghaupten

Nachhaltigkeit und Regionalität

Es haben nicht gerade alle »Hier« geschrien, als jemand gesucht wurde, der das Eingangsportal für den Naturpark Schwarzwald Mitte/Nord betreiben sollte. Die Gemeinden Gengenbach, Berghaupten und Ohlsbach bewarben sich damals und erhielten die Maßgabe, einen Bauernmarkt einzurichten, wenn sie das Prädikat haben wollten. »Wir hatten zu der Zeit noch gar nichts damit zu tun«, erzählt Ulrich Müller, Senior-Chef der Inhaberfamilie. Er wurde dann zum Kreisverbandsvorsitzenden des Bauernverbands gewählt und traf in dieser Funktion auf die Bürgermeister der betreffenden Gemeinden. »Ich kam dann nach vielen Diskussionen ins Spiel«, erinnert sich der heutige Betreiber. Die Familie, die in Fischerbach den *Ramsteinerhof* mit Hofprodukten und einer eigenen Käserei besitzt, konnte sich das Projekt vorstellen, und so sitzen wir heute Ulrich Müller und seinem Sohn Raphael, Betriebsleiter der *Marktscheune*, gegenüber.

Das Konzept der *Marktscheune* geht weit über einen Bauernmarkt hinaus, denn hier gibt es unter einem modernen Dach auch einen gastronomischen Bereich, in dem vom Frühstück über den Mittagstisch und Kaffee und Kuchen bis hin zum Vesper alles angeboten wird. »Uns ist es wichtig, Kreisläufe zu erzeugen«, betont der Betriebsleiter. »Markt und Gastronomie sollen sich gegenseitig befruchten.« So stehen viele Produkte auf der Speisekarte, die man auch im Bauernmarkt erwerben kann, und andersherum – die Synergien sollen genutzt werden. Darin inbegriffen ist auch der *Ramsteinerhof* mit eigener Bäckerei und Brennerei.

Anhand des Beispiels eines Knödels skizziert Raphael Müller sowohl die genannte Synergie als auch die starken Bemühungen der Familie in den Bereichen Nachhaltigkeit und Regionalität: »Nicht verkaufte Backwaren gehen zurück zum Hof, werden dort in der Restwärme getrocknet und kommen zerkleinert wieder zurück. Daraus werden dann Knödel für

MARKTSCHEUNE BERGHAUPTEN
Auf dem Grün 1 • 77791 Berghaupten • Tel. 07803/92798 11 • markt-scheune.com
Öffnungszeiten: s. Internetseite

Ulrich Müllers Tipp

Die wunderschöne Altstadt von Gegenbach mit den hübsch restaurierten Fachwerkhäusern und der großen Vielfalt an Türmen, Toren, Winkeln und Gassen ist bezaubernd. Besonders empfehlenswert ist ein Besuch in der Adventszeit, wenn sich das Gengenbacher Rathaus mit seinen 24 Fenstern in den weltgrößten Adventskalender verwandelt.

die Speisekarte und für den Markt gemacht.« Das täglich auf dem Hof frisch gebackene Holzofenbrot gibt es beim Frühstück, zum Vesper oder auch mittags zum Salat. Viele nehmen sich dann das Brot aus dem Bauernmarkt mit nach Hause – auch das ist Synergie.

Neben den 95 Prozent Backwaren, die vom eigenen Hof stammen, beliefern regionale Spezial-Bäckereien die *Marktscheune*. »Das sind dann solche, die beispielsweise auf Hefezöpfe oder auf Dinkel und Urkorn spezialisiert sind«, erklärt Ulrich Müller. Vater und Sohn sind stolz darauf, dass von den 200 Lieferanten fast alle aus der Region kommen. Beispielsweise bietet die *Brennerei Wild* in Gengenbach ein breites Angebot an Spirituosen. »Nur bei wenigen Dingen müssen wir den Radius größer und bis an die Grenzen Baden-Württembergs ziehen«, erklärt Raphael Müller. So müsse man beispielsweise manche Obst- und Gemüsesorten vom Bodensee beziehen, um ein bestimmtes Sortiment anbieten zu können.

Die *Marktscheune* ist seit ihrer Eröffnung am 2. November 2011 stetig gewachsen. »Seitdem kamen vier Anbauten hinzu und die schöne große Terrasse«, berichtet Ulrich Müller. Der Betrieb sei von Anfang an so geplant gewesen, dass er erweiterbar sein würde, sollte er gut angenommen werden. Größer soll der Betrieb aber nicht werden, denn: »Wir wollen den Wohlfühlcharakter nicht zerstören«, so die Betreiber. Es seien vielmehr Optimierungen geplant.

Für die sehr stimmige und stylische Gestaltung der Inneneinrichtung zeichnet Ulrich Müllers Frau Brigitte verantwortlich. »Für unsere Kunden und Gäste soll ein besonderes Erlebnis geschaffen werden«, betont Raphael Müller. Da sei eine gewisse Durchgängigkeit unabdingbar, man dürfe nirgends einen Bruch spüren. »Das grenzt uns von anderen Betrieben ab. Hier wird nichts zum Pflichteinkauf, sondern bei uns darf man verweilen, immer wieder eine Kleinigkeit entdecken und Neues finden«, erläutert der Betriebsleiter das Besondere. So wird der Produktepalette hier viel mehr Platz geboten als im normalen Supermarkt, und die Angebote werden schön in Szene gesetzt.

Abgerundet wird das alles durch diverse regelmäßige Events. Im Sommer treten in der Veranstaltungsreihe »Hallo Feierabend« Künstler aus der Region auf, dazu gibt es eine kleine Speisekarte und ausgewählte Getränke. Das findet einmal pro Woche freitags oder samstags auf der Terrasse statt, wo man den Abend schön ausklingen lassen kann. Neben einem Krimi-Dinner stellt Uwe Baumann von Kosmos Schwarzwald (siehe »Noch mehr Begegnungen«) in der Reihe »Specktakel« verschiedene Schinkensorten vor. Mit all diesen Aktivitäten – die *Marktscheune* mit ihren vielen Facetten in Symbiose mit dem Bauernhof – haben die Eltern Müller und ihre beiden Söhne (der eine Leiter der *Marktscheune*, der andere Leiter des Hofs) mit Sicherheit die Anforderungen an ein Eingangsportal für den Naturpark Schwarzwald Nord/Mitte mehr als erfüllt!

Die Backwaren der *Marktscheune* stammen aus dem familieneigenen *Ramsteinerhof.* In heller Holzoptik ist die gastliche Stube des gastronomischen Bereichs gehalten. Nachhaltigkeit ist hier wichtig: Die angebotenen Produkte sind fast alle regional.

Schwarzwälder Windbeuteltorte

Moderne Version einer Schwarzwaldtorte

Zutaten

Für eine Springform (Ø 26 cm)

Für den Schokoladenbiskuit

5 Eier (Größe M)
180 g Zucker
100 g Mehl (Type 405)
35 g Speisestärke
35 g Kakaopulver
50 g flüssige Butter

Für die Kirschfüllung

250 ml Kirschsaft (Saft aus einem Glas handelsüblicher Sauerkirschen)
30 g Speisestärke
50 g Zucker
2 EL Kirschwasser
500 g Sauerkirschen (frisch oder aus dem Glas, abgetropft), davon 14 Kirschen für die Deko zur Seite legen

Für die Kirschwassertränke

50 g Zucker
60 ml Kirschwasser

Zubereitung

Backofen auf 190 °C (Ober-/Unterhitze) vorheizen.

Für den Schokoladenbiskuit Eier und Zucker über dem Wasserbad aufschlagen. Ei-Zucker-Masse in einer Rührschüssel etwa 10 Minuten aufschlagen, bis die Masse einen cremigen Schaum ergibt. Mehl, Speisestärke und Kakaopulver sieben und darunterheben. Die flüssige Butter unterziehen. Die Biskuitmasse in die Springform füllen und etwa 35 Minuten backen. Den gut abgekühlten Biskuitboden einmal mittig horizontal durchschneiden.

Für die Kirschfüllung etwas Saft mit der Speisestärke verrühren. Den restlichen Saft mit Zucker und Kirschwasser aufkochen, die Speisestärke einrühren und die Flüssigkeit andicken lassen. Die abgetropften Sauerkirschen dazugeben, kurz unterrühren, abkühlen lassen.

Für die Kirschwassertränke 50 ml Wasser mit Zucker aufkochen, abkühlen lassen und das Kirschwasser dazugeben.

Für die Sahnefüllung die Gelatine in kaltem Wasser einweichen. Quark, Schmand, Milch, Zucker und Kirschwasser verrühren. Die eingeweichte Gelatine bei schwacher Hitze auflösen, etwas von der Quarkmasse dazugeben, verrühren, dann alles in die Quarkmasse einrühren. Sahne steif schlagen und mit den Schokoraspeln unter die Quarkmasse heben.

TIPP: Falls die Sahnefüllung zu fest ist, kann man noch etwas Milch hinzufügen.

Einen Schokobiskuitboden mit einem Tortenring umstellen und mit etwas Kirschwassertränke beträufeln. Achtung, den Biskuitboden nicht zu stark tränken, sonst weicht der Boden auf.

Die Sahne-Windbeutel kreisförmig auf dem getränkten Biskuitboden verteilen. In die Zwischenräume die Kirschfüllung verteilen und zwei Drittel der Sahnefüllung darauf verstreichen. Den zweiten Biskuitboden auflegen, mit Kirschwassertränke beträufeln und die restliche Sahnefüllung darauf verstreichen. Die Torte für mindestens 4 Stunden kalt stellen, dann den Tortenring ablösen.

Für die Sahnefüllung
7 Blatt Gelatine
250 g Quark
200 g Schmand
70 ml Milch
150 g Zucker
60 ml Kirschwasser
400 g Sahne
30 g Schokoraspeln

Außerdem
1 Packung mit 20 TK-Sahne-Windbeuteln

Für die Dekoration
400 g Sahne
Schokoraspeln für die Garnitur
14 Kirschen

Für die Dekoration Sahne steif schlagen und Tortenrand und -oberfläche damit einstreichen. Restliche Sahne in einen Spritzbeutel füllen, 14 Sahnerosetten gleichmäßig verteilt auf den Tortenrand setzen und mit Kirschen und Schokoraspeln verzieren.

Hinweis
Den Biskuitboden am besten schon am Vortag backen, dann lässt er sich besser durchschneiden.

S'Blaue Hus

Treffpunkt für Genießer

Wenn er über seine Heimat spricht, gerät Egbert Laifer ins Schwärmen: »Ich finde den ganzen Schwarzwald total gigantisch, aber an die Ortenau hat der liebe Gott besonders Hand angelegt, als er sie geformt hat.« Die Rheinebene, das warme Klima, der Wein, der Spitzenklasse hat – »andere machen hier Urlaub, wir haben das Privileg, hier wohnen zu dürfen und uns verwirklichen zu können«, ergänzt der gebürtige Nordracher. Egbert Laifer ist Inhaber des *Cafés s'Blaue Hus* in der Nordracher Ortsmitte, gleich gegenüber der Kirche. Das Gebäude ist aufgrund seiner blauen Farbe bekannt wie ein bunter Hund. Das Haus war zwar vorher auch schon blau, aber nachdem die Pralinenmanufaktur und das Café eingezogen waren, gab es auf die Frage von Gästen nach der Lage nur eine Antwort: »Ihr könnt es nicht verfehlen, es ist das blaue Hus« – so war der Name geboren.

2013 zog Egbert Laifer zunächst mit der Pralinenmanufaktur *Choco L* ins *Blaue Hus*. Fünf Jahre später kaufte der Gastronom das Gebäude und eröffnete auch das Café. »Davon hatte ich schon immer geträumt«, bekennt er lächelnd, auch wenn die Leute ihn für verrückt erklärten, in dem kleinen Nordrach ein Café zu eröffnen. »Hatten die Gäste anfangs noch Anfahrtswege von bis zu 15 Kilometern, sind es heute teils sogar 40 bis 60 Kilometer«, erklärt der Inhaber stolz. Viele Stammkunden kämen aus Baden-Baden, Freiburg, Calw und Alpirsbach. Kein Wunder, wird hier doch alles dafür getan, den Gästen einen behaglichen Aufenthalt zu bieten. Jedes der liebevoll und aufwendig eingerichteten Stübchen steht unter einem Motto: Da ist beispielsweise das Nähzimmer mit Männernachthemden und Trachtenunterkleidern aus der Zeit Anfang des 19. Jahrhunderts, ausgestellt in einem antiken Schrank. Die Nordracher Sonntagstracht ist ebenso vorhanden wie Omas altes Nähkästchen. In einer anderen Stube wurden alte Kirchenbänke wiederverwertet, dazu ein Tisch aus alten Holzbohlen.

Das zweite Standbein ist die Pralinenmanufaktur, in der hauptsächlich Egbert Laifers rechte Hand Lioba Schwarz wirkt. Für die Konditoreifachverkäuferin ist das keine Arbeit, sondern das *Blaue Hus* ist für sie ein »Seelen-

S'BLAUE HUS

Im Dorf 13 • 77787 Nordrach • Tel. 07838/955 74 00 • sblauehus.de

Öffnungszeiten: Choco L: Do/Fr/Sa/Mo 14–18 Uhr; Café: Do–Mo 14–18 Uhr

CHOCO

Egbert Laifers Tipp

Der Nordracher Obstbrennerweg (11, 14 oder 18,5 km) führt nur durch typische Schwarzwaldlandschaft und an Nordracher Höfen vorbei, die ihre Brennereien noch aktiv betreiben; die Produkte werden in den Pralinen von *s'Blaue Hus* verarbeitet.

ort«. In der Manufaktur wird die berühmte Moospfaffkugel hergestellt, neben dem blauen Haus die zweite hiesige Berühmtheit. »In Nordrach hat man den Kindern immer gesagt: ›Wenn du nicht artig bist, holt dich der Moospfaff‹«, erzählt Lioba Schwarz die Geschichte zur Kugel. Der Moospfaff war ein Ordensmann aus dem Kloster Gengenbach. Eines Tages habe die Leiterin des Touristikbüros angefragt, ob er aus der Geschichte mit dem Moospfaffen nicht etwas machen könne. Ihr Chef habe dann viel ausprobiert und auch wieder verworfen, bis irgendwann die Praline erschaffen war, erinnert sich Lioba Schwarz. Die Moospfaffkugel besteht aus Nordracher Waldhonig, Walnusslikör aus schwarzen Nüssen, ebenfalls aus Nordrach, sowie Nougat. Pistazien dienen als Moos-Deko. Die patentierte Kugel ziert unter anderem. die eigenkreierte Moospfafftorte, absolute Nummer 1 bei den Gästen des *Blauen Hus'*.

Egbert Laifer ist Nordracher durch und durch. Deshalb ist es ihm auch sehr wichtig, dass alles, was er verarbeitet, regional und qualitativ hochwertig ist. »Wir müssen die Wertschätzung für die Lebensmittel wieder lernen«, betont er. Alle Schnäpse für die Pralinen stammen aus Obstbrennereien des Ortes. »Das Kirschwasser beispielsweise ist Sinnbild des Schwarzwalds«, erklärt der Gastronom. »Es ist eine Tradition, die nicht fehlen darf. Touristen wollen Schwarzwälder Schinken, Schwarzwälder Kirschtorte und eben Kirschwasser.« Deshalb legt der kreative Koch und

Konditor beispielsweise die Kirschen für seine Schwarzwälder Kirschtorte selbst ein – und zwar jahrgangsweise. »Sie müssen an einem bestimmten Tag geerntet werden«, verrät er. »Dort auf 550 Metern Höhe gibt es diese Sorte Herzkirschen, die man am besten vier bis fünf Tage zu früh erntet, damit sie knackig bleiben. Dann werden sie in einen Topf gelegt, und dieser wird mit Schwarzwälder Kirschwasser aufgefüllt.«

So umfangreich das Angebot des *Blauen Hus'* auch ist, ist dennoch nicht das Ende aller Aktivitäten erreicht. Egbert Laifer, der vor der Zeit im *Blauen Hus* überwiegend als Koch arbeitete, möchte künftig auch eine Speisekarte mit deftigen Gerichten anbieten. Das soll mit dem Ausbau des Außenbereichs einhergehen, denn geplant sind Tische, die lauschig am Ufer des kleinen Bachs stehen, der durch Nordrach plätschert.

Auch ein exklusives Frühstück will der umtriebige Gastronom künftig einmal im Monat sonntags anbieten. Dann soll beispielsweise hausgebeizter Lachs vor den Augen des Gastes aufgeschnitten werden. Daneben wird die Kuchen- und Pralinenproduktion immer weiter verfeinert: Neben dem täglichen Angebot an ausschließlich selbst gebackenen Kuchen und Torten kreiert Egbert Laifer auch Sondereditionen, wie zum Beispiel die Praline »Miss Germany« anlässlich der Miss-Wahl im Europapark. Ideen und Kreativität gehen dem Nordracher so bald nicht aus, und man darf gespannt sein, mit welcher Überraschung er als Nächstes aufwartet.

Jedes Stübchen hat ein eigenes Motto – hier das Nähzimmer mit Requisiten der Großmutter und Original-Trachten. Für diese Köstlichkeit ist das Café weithin berühmt: die Moospfaffkugel-Torte. Die Pralinen werden im *Choco L* hergestellt.

Nordracher Stilkirsche

In Kirschwasser eingelegter Früchtetraum

Zutaten

Für 20 Kirsch-Pralinen

20 Kirschen mit Stil
500 ml Kirschwasser (50 % Vol.)
300 g Fondant
300 g Zartbitterkuvertüre

Zubereitung

Die Kirschen waschen und mit Küchenkrepp trockentupfen. Dann im Kirschwasser so einlegen, dass die Früchte komplett damit bedeckt sind.

Mindestens drei Monate ziehen lassen.

Kirschen herausnehmen, abtropfen lassen, mit Küchenkrepp trockentupfen.

Den Fondant auf 30 °C erwärmen und die Kirschen bis zu zwei Drittel darin eintauchen, anschließend auf Pergamentpapier trocknen lassen.

Die zerkleinerte Zartbitterkuvertüre über dem Wasserbad schmelzen. Die Kirschen am Stil festhalten und die Früchte kurz in die flüssige Kuvertüre tauchen, dann abtropfen lassen und zum Trocknen auf Pergamentpapier setzen. Anschließend 2–3 Tage in einer luftdicht abgeschlossenen Dose ruhen lassen.

Kinzigtal

Holzstück

Modernes Design made in Steinach

Fliegen für den Hals und Gürtelschnallen aus Holz kann man sich zunächst nicht gut vorstellen. Ist ein solches Accessoire nicht zu schwer? Kann man die Falten, die Stoff in einer Fliege schlägt, aus einem Holzstück herausarbeiten? Ja, man kann! Und nein, die Fliege ist nicht zu schwer, und auch die hölzerne Gürtelschnalle stellt gewichtmäßig kein Problem dar. Angelina Glatz und Nico Obert stellen in Steinach nicht nur modern gestaltete Accessoires her – mittels einer selbst gebauten Fräse und eines Lasers kreieren der Elektrotechniker und die Betriebswirtin wahre Kunstwerke aus Holz. »Nichts ist unmöglich«, lacht Nico Obert. Und seine Partnerin ergänzt: »Wir machen auch Gutscheine aus Holz oder Platzkarten für Hochzeiten und andere Feste.« Ein Foto auf Holz zu lasern, selbst das stellt für das kreative Paar kein Problem dar.

Mittlerweile hat sich herumgesprochen, was die beiden können – da komme inzwischen auch schon mal ein Großauftrag herein, berichten die beiden stolz. Beispielsweise habe eine Firma die beiden beauftragt, 60 Holz-Osterhasen zu entwerfen, die an Kunden verschenkt werden sollten. »Den Hasen haben wir vorgezeichnet, gefräst und dann mit dem Laser individualisiert, also mit dem Firmennamen und der Aufschrift ›Frohe Ostern‹ versehen. Heraus kam ein naturgetreues Häschen, das ein wenig an den Lindt-Osterhasen erinnert.«

Die Fräse hat Nico Obert nach einer Inspiration aus dem Internet selbst gebaut. »Mit einer Fräse kann man tolle Sachen machen«, erklärt der technisch begabte junge Mann. »Aber sobald es filigraner werden soll, stößt sie an ihre Grenzen.« Durch den Spanabtrag wirke Kraft auf das Holzstück, und je filigraner es sei, desto schneller reiße das Holz, erfahren wir. Deshalb wurde ein Laser angeschafft, der ohne Krafteinwirkung über Wärme funktioniert. »Man muss nichts festspannen, denn der Laserstrahl kommt von oben, und dadurch werden detailreichere Sachen möglich«, erläutert Nico Obert die Lasertechnik. Da beide gerne tüfteln, freut sich das Paar besonders über Aufträge, bei denen etwas entworfen werden soll. »Wir mögen den kreativen Teil, bis ein Stück

HOLZSTÜCK
Langmattstraße 11 • 77790 Steinach • Tel. 01517/501 99 44
etsy.com/shop/holzstueckshop
Termine nach Vereinbarung

Unser Tipp

Wir empfehlen den Aufstieg zum 550 m hohen Katzenstein, eine tolle Wanderung mit großartigen Ausblicken (ca. 1 Std.). Von Steinach führen mehrere Routen hinauf. Oben läuft man über steinigen Grund – das ist so ganz anders, als man sich den Schwarzwald vorstellt.

mal ausgearbeitet ist«, erklärt Angelina Glatz strahlend. Der Rest sei dann nur noch Technik.

Viele Ideen kommen auch von Kunden. Das finden die beiden inspirierend, denn »über viele dieser Ideen haben wir vorher noch nie nachgedacht«, freut sich der Elektrotechniker. Viele Kunden würden aufgrund von Mundpropaganda gewonnen. Gerade die Holzfliegen fertigen sie oft für Hochzeiten an und gehen dabei auch durchaus auf spezielle Wünsche ein, wie beispielsweise, dass ein Vater und sein kleiner Sohn für einen festlichen Anlass eine Fliege im Partnerlook haben wollten (für den Sohn entsprechend kleiner). Und weiter erzählt die Betriebswirtin: »Es kamen mal ein Bräutigam und sein Trauzeuge, die haben Stoffproben von ihren Anzügen mitgebracht. Sie wollten ganz individuelle Fliegen haben, denn das Mittelteil sollte mit den Stoffen der Anzüge überzogen werden.«

Das umtriebige Paar stellt nicht nur die hölzernen Gürtelschnallen her – den Gürtel gibt's natürlich im Komplettpaket mit dazu. Das Leder dazu (von Tieren aus Baden-Württemberg) stammt aus einer Gerberei in Tuttlingen. »Wir verwenden keine China-Ware«, das ist Angelina Glatz sehr wichtig. Die schwarzen und braunen Leder-Coupons schneiden die beiden selber zu Streifen, stanzen die Löcher aus und verarbeiten den Rand. Schließlich wird der Gürtel auf die korrekte Länge gebracht. So ist jeder einzelne Gürtel, der die Werkstatt verlässt, ein individuelles Handarbeitsstück.

Unter den Händen von Angelina Glatz und Nico Obert entstehen aber nicht nur moderne Kunst- und Gebrauchsobjekte, auch das Thema Nachhaltigkeit spielt für die beiden eine große Rolle, denn es werden nur Reststücke verarbeitet. Sowohl in Nico Oberts Familie als auch in Angelina Glatz' Umfeld wird viel mit Holz gearbeitet, sodass immer Reste abfallen. »Eine Fliege wird schon allein durch das unterschiedliche Holz individuell«, erklärt Angelina Glatz. Auf diese Weise sei jede Fliege ein Unikat. Beim Wandern nehmen sie oft Holz von unterwegs mit.

Möbel stellen die beiden Steinacher bislang nur für den privaten Bedarf her. Das heißt aber nicht, dass sie nicht jederzeit gern etwas Neues ausprobieren – so fertigten sie beispielsweise schon Schlagzeugstöcke an oder auch im Auftrag eines Musikvereins für einen Wanderweg eine Spendenkasse in Form einer Rutsche, über die das Geld in den Kopf eines alten Musikinstruments gelangt. »Alles für den Außenbereich Bestimmte behandeln wir am Schluss mit Öl oder Wachs, damit es witterungsbeständig ist«, erklären die Holzexperten.

Noch können die beiden jungen Leute ihr Business nebenberuflich ausüben. »Es ist ein guter Ausgleich für den Bürojob«, so Angelina Glatz. Es müsse Spaß machen, und sie könne es sich nicht vorstellen, den ganzen Tag nichts anderes zu machen als Holzbearbeitung. Da das Steinacher Paar jedoch im Anfertigen seiner Holzkunst so kreativ ist und so viel Schönes dabei herauskommt, scheinen die Bürojobs die Schaffenskraft nicht zu beeinträchtigen.

Mit Fliegen und Gürtelschnallen aus Holz hat das Steinacher Paar begonnen – inzwischen wird fleißig weiter kreativ gearbeitet. Mit dem Laser ergeben sich ganz neue Möglichkeiten: Es wirkt tatsächlich, als ob das Holz Falten werfen würde.

MERZOLIO – Kunstobjekte & Design

Multitalentierter Künstler aus dem Kinzigtal

Ist es die »Grätige Bolle«, die intuitive Malerei, die Fotografie oder die Musik, die Uwe Merz alias Merzolio ausmacht? Oder seine Funktion als Sprecher, Coach und Musiker? Oder sind es die »Sternengucker« oder die »Stressverderber«? Es ist alles auf einmal! Uwe Merz, gebürtiger Rheinländer und über Umwege im Kinzigtal gelandet, gründet seine Kunst auf vielen Standbeinen. Vor über 30 Jahren lernte er in Hamburg eine Frau aus Nagold kennen und bekam mit ihr einen Sohn. Für die beiden zog er in den Schwarzwald. »In Hamburg hatte ich alles vor der Haustür, da war immer Halligalli. Dann bin ich hierhergekommen – das war ein Kulturschock«, erinnert er sich lachend. »Ich hatte lange Haare und einen Pferdeschwanz, gelbe Lederschuhe ohne Socken und Seidenhosen. So bin ich hier angekommen, die Leute dachten, da ist ein Raumschiff gelandet.« Er habe zwei Jahre für die Akklimatisierung gebraucht, gesteht er. »Aber wenn man mal drin ist, ist man drin, dann wird man akzeptiert.«

Nach einer anfänglichen Festanstellung machte sich Uwe Merz mit einer Werbeagentur selbstständig. Aber er fühlte sich gestrandet. »Da hab' ich den Blues bekommen«, berichtet der Rheinländer. Zu der Zeit habe er im Baumarkt ein Starter-Kit mit Leinwand, Farben und Pinsel für angehende Künstler gekauft. Als er die Utensilien zu Hause auspackte, war es, »als ob man einen Generator anwirft«.

Zunächst habe er nur gegenständlich gemalt. »Aber untergehende Sonne mit Schiffle im Meer fand ich dann doch langweilig – ich bin kein Landschaftsmaler«, erzählt Uwe Merz. Bei einer Flasche Wein habe er dann auf eine großflächige Leinwand Farbe aufgespritzt und mit einem Spachtel im Takt der Musik »abgerockt«. »Das Bild entstand aus dem Affekt heraus, aber es war die Initialzündung für meine intuitive Malerei«, fasst Uwe Merz die Grundsteinlegung seines Schaffens zusammen. Er malte fortan unter dem Pseudonym Merzolio (eine Kombination aus seinem

MERZOLIO – KUNSTOBJEKTE & DESIGN
Leisenweg 8a • 77790 Steinach • Tel. 07832/994 43 20 • merzolio.com
Termine nach Vereinbarung

Nachnamen und »Olio« für Ölfarben) großformatige Bilder, veranstaltete Ausstellungen, las sich das Wissen an und bildete sich weiter. Schließlich gab er sogar Kurse, ganz nach dem Motto: »Was mir guttut, tut euch auch gut.« Uwe Merz ist der Meinung, »dass die Malerei das innere Kind in uns triggert, wir sind wieder unbefangen und im Kern bei uns. Das ist mystisch!«

Doch den kreativen Neu-Schwarzwälder trieb es weiter an. Nachdem Kunst im Allgemeinen seiner Meinung nach inflationäre Ausmaße angenommen hatte, beschloss er, die Malerei durch die Fotografie abzulösen. In diesem Zusammenhang entstanden Serien wie »Schwarzwälder Zwirn«, die die traditionellen Schwarzwälder Trachten im Detail zeigen. Aber auch das Fotografieren im Freien gefiel ihm immer mehr: Sowohl Lost Places als auch Italien-Motive nimmt er vor die Kameralinse, und manchmal legt er sich stundenlang auf die Lauer, um Vögel zu fotografieren. »Naturfotografie ist Balsam für die Seele«, schwärmt er.

Uwe Merz' Portfolio der vergangenen zehn Jahre wurde schließlich um ein weiteres Standbein ergänzt: Er fungiert als Sprecher für Erklärvideos. Hier macht er beispielsweise Bildbesprechungen für Van-Gogh-Bilder und ist als Voice-over-Sprecher in Sprecherdateien gelistet.

Man kann sich nicht mit Uwe Merz beschäftigen, ohne dabei auf sein Markenzeichen, die »Grätige Bolle«, zu stoßen. Zu den comicartigen Figuren mit den missmutigen Gesichtsausdrücken kam es durch einen witzigen Zufall: Er stellte einmal in einer Galerie aus,

Uwe Merz bezeichnet seinen Stil als »intuitive Malerei«. Die Grätige Bolle entstand aus einem Zufall heraus, ist aber nun ein bedeutender Bestandteil seines Portfolios. Auch ein eigenes Tonstudio gibt es in *Merzolios* Wohnhaus oberhalb von Steinach.

und die Galeristin wollte noch ein Hochformat-Bild von ihm. Da er nicht bevorzugt Hochformate malt, hatte er keines im Repertoire, und das Ansinnen der Galeristin gefiel ihm auch nicht besonders. »Also habe ich ein Strichmännchen mit grätigen Gesichtern gemalt«, lacht Merzolio. Die Galeristin fand zwar, dass das nicht sein Stil sei, war aber zufrieden mit dem Hochformat. Das Bild wurde ausgestellt, und kurz darauf kamen weitere Anfragen für solche »Hampelmänner«. Da diese einen Schwarzwald-Bezug haben sollten, wurde den Strichmännchen-Frauen kurzerhand ein Bollenhut und den Strichmännchen-Männern ein Zylinder aufgesetzt – der/die »Grätige Bolle« war geboren! »Es ist ein menschlicher Zug, auch mal grätig zu sein«, erklärt der Künstler. »Man muss nicht immer gut drauf sein, und man soll sich nicht so ernst nehmen.« Ein zweites Label ist ihm mit der Serie »Sterngucker« gelungen: Vor allem Accessoires zum Campen sind darunter zusammengefasst, aber auch Kleidung in Bio-Qualität, fair und vegan hergestellt.

Uwe Merz' Tipp

Ich sitze gern in einem Tarnzelt am Erlenbach, einem Nebenarm der Kinzig, und warte mit der Kamera im Anschlag auf Eisvögel, um sie zu fotografieren.

Uwe Merz ist also Musiker, Sprecher, Coach, Fotograf, Maler und Lyriker, und er betreibt eine Kreativ-Agentur. In der »Kornkammer«, der Galerie im oberen Geschoss seines idyllisch über Steinach gelegenen Schwarzwaldhauses, präsentiert er seine gesammelten Werke, darunter einige mit der Grätigen Bolle. Spätestens hier oben wird klar: Der Schaffensweg dieses vielseitigen Künstlers ist noch lange nicht zu Ende!

Beate Axmann

Zeitgenössische Malerei und Installationen

Dass Beate Axmann es sich zunächst nicht zutraute, den Weg der Kunst zu gehen, ist beim Betrachten ihrer Werke nicht nachvollziehbar. Sie zweifelte, weil sie nicht von der Kunstakademie kam, sondern Autodidaktin war. Allerdings: »Ich male, seit ich einen Stift in der Hand halten kann«, erzählt sie lachend. Schon als Jugendliche habe sie Kurse belegt und während eines mehrmonatigen Südamerika-Aufenthalts ihre Reisetagebücher malerisch gestaltet. »Später habe ich drei Kinder bekommen, und die Kunst lief viele Jahre nebenher«, so die ausgebildete Erzieherin. Es war traurigerweise eine Tragödie, die Beate Axmann endgültig auf den Weg der Kunst brachte. 2003 verloren sie und ihr Mann den Sohn durch einen Unfall. »Danach war für mich klar, wohin mein Weg führt. Kunst wurde für mich zur Notwendigkeit, zu einem Bedürfnis und letztlich auch zu einem Heilungsprozess«, fasst sie zusammen.

Nur wenige Monate später machte sich Beate Axmann als freischaffende Künstlerin selbstständig. Das Atelier, das zuvor in ihrem Wohnhaus untergebracht war, zog über zwei Zwischenstationen nach Haslach an seinen jetzigen Standort, wo sie viel Platz und Raum zum Arbeiten an ihren teils sehr großformatigen Kunstwerken hat. »Von da an hat sich alles verselbstständigt und von Jahr zu Jahr weiterentwickelt«, sieht Beate Axmann im Rückblick. Da sie sehr naturverbunden ist, war sie viel draußen, im Wald, an den Bächen und Wiesen. »Es sind Wald- und Baumbilder entstanden, später kamen Kopfweiden als Thema hinzu«, erzählt die Schwarzwälderin.

In einem Workshop in Österreich, den sie heute als Initialzündung bezeichnet, lernte sie die Zhou-Brothers kennen, ein in den USA lebendes, international bekanntes chinesisches Brüderpaar, das fortan ihre Kunst maßgeblich beeinflussen sollte. »Die beiden haben mich gepusht und auf ein neues Level gebracht«, berichtet Beate Axmann. Bereits fünfmal war sie in Chicago und hat mit den Brüdern gearbeitet und dort ausgestellt. »Die beiden haben mir die Chance gegeben, erstmals richtig großformatig zu arbeiten«, berichtet sie.

Beate Axmann ist eine vielseitige Künstlerin und nicht auf eine Stilrichtung zu reduzieren.

BEATE AXMANN

Hausacher Straße 23 • 77716 Haslach • Tel. 0175/368 86 74 • beate-axmann.de

Termine nach Vereinbarung

Man erkennt aber ihre Handschrift, sie hat einen expressiven Strich. Neben ihrer Malerei und den Tuschezeichnungen entstehen Installationen, experimentelle Collagen und sogenannte »Gobelüs« sowie »Papidrafis«, Papierdrahtfiguren. Immer wieder schreibt sie Botschaften in ihre Bilder – spiegelbildlich, gewollt nicht sofort entzifferbar. Sie hat sich in den vergangenen drei Jahren in der Hauptsache auf Schwarz-Weiß-Werke konzentriert, manchmal mit einem Hauch Farbe darin. Vor allem sind es Motive mit ihrem Lieblingsbaum, der Kopfweide. Seit einiger Zeit beschäftigt sie sich mit dem Thema der Pietà, einer weltbekannten Skulptur aus Marmor von Michelangelo, die im Petersdom zu finden ist. Sie zeigt die Gottesmutter Maria mit ihrem vom Kreuz abgenommenen Sohn. Dieses starke Bild aus der Kirche herauszuholen, unter die Menschen zu bringen und die Trauer einer Mutter über ihr verstorbenes Kind auszudrücken, war die Intention der Künstlerin. »Die Pietà steht für mich stellvertretend für alle Mütter, zu allen Zeiten, die ein Kind verlieren«, ist es ihr wichtig.

Das Portfolio der Künstlerin ist noch um vieles weitreichender. Sie berichtet von einem spannenden gemeinsamen Projekt mit einer Kollegin. »Bei einer gemeinsamen Live-Performance zum Thema Kontrollverlust malte jede von uns ein zwei mal zwei Meter großes Bild, und jede malte im Bild der anderen mit. Die Bilder wurden gewechselt, es wurde in beiden Bildern gleichermaßen übermalt und ergänzt«, erklärt sie das Konzept. »Dabei haben wir Kontrolle abgegeben und Grenzen überschritten«,

An Tischen im Atelier stehen unterschiedliche Materialien bereit. Die Werke der Künstlerin laden immer wieder zu Interpretationen ein. In ihrem weitläufigen Werkraum kann Beate Axmann wunderbar an großformatigen Bildern arbeiten.

verdeutlicht sie. Ein gutes Vertrauensverhältnis ist für eine solche Arbeit unabdingbar. Die beiden Künstlerinnen trafen sich ein halbes Jahr lang regelmäßig und arbeiteten an einem weiteren gemeinsamen Kunstprojekt. Abschließend wurden die Ergebnisse dieser Kooperation unter dem Motto »Nähe und Distanz« in einer Ausstellung im Kapuzinerkloster Haslach gezeigt. Entstanden ist eine sehr kreative und spannende Symbiose zweier absolut unterschiedlicher Stilrichtungen.

Beate Axmanns Tipp

Einer meiner Lieblingsorte ist die Passhöhe Heidburg zwischen Mühlenbach und Elzach, wo es schöne Spazier- und Wanderwege mit herrlichen Aussichten gibt. Meine Einkehrtipps sind das *Café Pfaus* mit leckeren Kuchen sowie das *Biereck* im modernen Schwarzwaldlook.

»Die Themen suchen mich, ich lasse mich von ihnen berühren, dann entsteht genau das, was ausgedrückt werden will.« Beispielsweise hat sie bei einem Aufenthalt in Chicago in einer finsteren Gegend gewohnt, wo sie sich anfangs unwohl und unsicher fühlte. Entstanden ist daraus eine Serie über die »Gang Violence« von Chicago. Und wenn es nicht die eigenen Themen sind, die Beate Axmann suchen und finden, fertigt sie auch hin und wieder Auftragsarbeiten an. Das Stadthotel in Haslach beispielsweise, das intern dem Geistlichen, Schriftsteller, Historiker und Politiker Heinrich Hansjakob gewidmet ist, stattete sie unter dem Motto »Heinrich Hansjakob Sichtverrückt« mit ihrer Kunst aus.

»In meiner Kunst möchte ich so frei wie möglich sein mit dem, was ich mache. Ich will keine Marke sein, aber doch wiedererkennbar«, bekräftigt die Künstlerin. Ein Besuch in ihrem Atelier ist ein Erlebnis – es ist inspirierend, überwältigend, vielseitig im Stil, aber einheitlich in der Handschrift, und so, wie die Themen die Künstlerin berühren, berühren sie auch den Betrachter.

Café Körbchen

Kaffee, Kuchen und Korbmacher-Handwerk

Die Lage direkt an der B 294 ist günstig, und die schöne Außenanlage des *Cafés Körbchen* tut das ihrige, dass man hier nicht achtlos vorbeifährt. Und wer den modernen, hellen Gebäudekomplex aus Holz betritt, kommt erst einmal aus dem Staunen nicht heraus: Auf zwei Etagen und in stilvollem Ambiente präsentiert Inhaberin Bärbel Welzel Accessoires, Möbel, Deko-Artikel und – der Name verrät es – Korbwaren aller Art. »Das Korbgeschäft gibt es nun in der dritten Generation«, verrät sie. Gegründet von den Großeltern der heutigen Inhaberin, war die Korbmacherei zunächst in der ehemaligen DDR ansässig. 1953 lernte Bärbel Welzels Vater ihre Mutter kennen und zog mit dem Geschäft nach Hausach um. Schließlich ließ die heutige Geschäftsführerin im Jahr 1996 auf einer Wiese den Gebäudekomplex errichten, in dem wir heute zu Besuch sind. Zuvor war die Korbmacherei in der Ortsmitte von Hausach zu finden.

»Früher war es eine reine Korbflechterei, es waren bis zu acht Korbmacher angestellt, die sämtliche Korbwaren selbst herstellten«, erzählt Bärbel Welzel, die den Betrieb 1990 übernommen hat. Allerdings: »Der Handel ist ein Wandel«, sagt sie, und deshalb ist der Betrieb seit ihrem Einstieg keine reine Korbmacherei mehr. 2018 kam das gemütliche Café hinzu, zu dem wunderbar die zum Verkauf angebotenen Artikel passen – geschmackvoll und inspirierend ist es mitten in die Einkaufswelt eingebettet. »Die Café-Gäste lassen sich oft die Deko abhängen und kaufen diese«, berichtet die fröhliche Inhaberin.

Das Warenangebot ist umfangreich: Neben Wäschekörben, Korbstühlen, Hängesesseln, Kinderwägen und Brotkörben sowie Campingzubehör werden Gießkannen, T-Shirts, Kissen, Blechschilder, Honig, Kirschwein und vieles mehr zum Verkauf angeboten. »Die Idee hinter dem Café war, dass Frauen in Ruhe shoppen können, während die Männer im Café geparkt werden«, erläutert Bärbel Welzel das Konzept lachend.

Möbel seien schon in den 1970er-Jahren zum Sortiment der Korbflechterei dazugekommen, so Bärbel Welzel – damals waren geflochtene Hängesessel und Schaukelstühle modern. Das Einrichtungshaus legt natürlich

CAFÉ KÖRBCHEN

Ferdinand-Reiß-Straße 2 • 77756 Hausach • Tel. 07831/531 • korb-welzel.com
Öffnungszeiten: Mo–Fr 9–18 Uhr, Sa 9–17 Uhr, So/Feiertag 10–18 Uhr

den Schwerpunkt auch heute noch auf die Korbmöbel. »Wir beschäftigen immer noch einen eigenen Korbmacher«, aber der übernehme nur Reparaturen. Die Geschäftsführerin reist durch die ganze Welt, um Korbwaren einzukaufen. »Dieses Handwerk gibt es einfach überall«, schwärmt sie, »und weil es keine Maschinen dafür gibt, ist wirklich alles Handarbeit.« Kein Produkt gleicht dem anderen, jedes ist ein Unikat, egal ob Picknick-, Fahrrad-, Hunde- oder Zeitungskorb.

Die Ware bestehe immer aus heimischem Material, und es gebe verschiedene Arten der Flechtkunst, erklärt die Expertin. Im Schwarzwald beispielsweise ist es die an Flussufern wachsende Weide, aus der traditionell Holz-, Brot- und Einkaufskörbe gefertigt werden – ein großes Exemplar kann man an der Zufahrt zum *Café Körbchen* bewundern, ebenso wie auch eine Kopfweide. Weil es aber mit dem Erntejahr schwierig ist, gibt es eigene Plantagen, auf denen Weiden gepflanzt werden. Größere Mengen an Waren kauft Bärbel Welzel auch in den Ländern direkt ein. So hat es ihr beispielsweise das Material aus Indonesien angetan. »Dort werden schöne graue Körbe hergestellt«, erzählt sie. »Das Material ist Rattan-Rohr, das vier Wochen in Erde eingelegt wird, die sehr tonhaltig ist. Dadurch entsteht eine graue Patina; dann erst wird das Material bearbeitet – es ist mein Lieblingskorb-Material.«

Neben dem reichhaltigen Warensortiment kann sich auch die Gastronomie des *Café Körbchen* sehen lassen. Der frische Kuchen und das Gebäck stammen von einer Bäckerei

Schon den Außenbereich zieren zahlreiche Korbwaren in allen Größen und Ausführungen. Mitten in die Auslage der schönen Ware schmiegen sich die Tische des Cafés ein. Vielseitig ist das Angebot der Korbwaren aus aller Herren Länder, alles Unikate.

in Gutach, und Bärbel Welzels Assistentin Kim Klausmann bereichert als Hobbybäckerin ebenfalls das Kuchenangebot des Cafés. Von ihr stammt auch das Rezept für die köstliche Himbeertorte (siehe S. 150). Das behagliche Café ist im Shabby-Chic-Stil gehalten, das heißt, hier werden Möbel mit sichtbaren Gebrauchsspuren – man kann es auch Vintage-Stil nennen – verwendet. In einem kleinen Anbau, dem *Imbiss Schlemmerkorb*, gibt es laut der Inhaberin »die besten Hamburger ever«; daneben werden die Klassiker wie Currywurst und Pommes Frites angeboten. Sowohl den Café-, als auch den Imbissgästen steht ein sehr schöner Außenbereich zur Verfügung, um wahlweise die besten Hamburger aus regionalem Fleisch mit hausgemachten Soßen oder den leckeren Kuchen zu genießen. Innen wie außen – ein Besuch der Korbmacherei und des Cafés ist eine Reise in die Welt einer Handwerkskunst, die zwar selten geworden ist, aber wunderbare, langlebige und vielseitige Produkte hervorbringt.

Bärbel Welzels Tipp

Gerne besuche ich das Höhengasthaus Käppelehof im Einbachtal mit seiner wunderschönen Aussicht – hier kann man bei einem Wein oder Bier die Seele baumeln lassen.

Sommerlich leichte Himbeertorte ohne Gelatine

Aus Kims Backstüble

Zutaten
Für eine Springform (Ø 18 cm)

Für den Biskuitboden
4 Eier
100 g Zucker
1 Prise Salz
100 g Mehl
40 g Speisestärke
1 TL Backpulver

Für die Füllung
250 g Himbeeren (TK oder frisch)
300 g Sahne
1 Pck. Sahnesteif
500 g Magerquark
1 Schuss Mineralwasser
75 g Zucker

Für die Dekoration
frische Erd- und Himbeeren sowie essbare Blüten nach Wahl

Zubereitung
Backofen auf 180 °C (Ober-/Unterhitze) vorheizen. Die Springform mit Backpapier auslegen – nicht fetten!

Für den Biskuitboden Eier mit Zucker und einer Prise Salz für etwa 10 Minuten verrühren. Die Masse sollte dann schön hell und cremig sein. Mehl, Speisestärke und Backpulver mischen, über die Eiermasse sieben und vorsichtig unterheben.

Teig in der Springform verteilen und etwa 25 Minuten backen. Danach sofort aus der Form lösen, Backpapier entfernen und auskühlen lassen. Den Biskuitboden zweimal waagrecht durchschneiden, sodass 3 Böden entstehen.

Für die Füllung 250 g Himbeeren pürieren. Sahne mit dem Sahnesteif steifschlagen. Magerquark mit Mineralwasser cremig aufschlagen, die Sahne unterziehen. Etwa ein Drittel des Himbeerpürees und den Zucker unterrühren. Einen kleinen Teil dieser Sahnecreme zur Seite stellen, diese wird am Ende zur Dekoration benötigt.

Einen Tortenring um den ersten Biskuitboden spannen. Die Hälfte des restlichen Himbeerpürees auf den Biskuit geben, anschließend die Hälfte der Sahnecreme darauf verteilen. Beide Schritte wiederholen.

Torte für 2–3 Stunden kühlen. Dann vorsichtig den Tortenring lösen, die Torte gleichmäßig mit der restlichen Sahnecreme bestreichen und nach Belieben mit Beeren und essbaren Blüten dekorieren.

Simon Echle . Holzsägekunst

Vom Holzherz bis zum Windradflügell

Ein offener Jeep, wie ihn ein Förster fährt, jedes Detail der Sitzbänke, des Lenkrads und des Armaturenbretts ausgearbeitet, natürlich mit Hund auf der Rückbank – ja klar, gut vorstellbar. Aber aus Holz? Das ist dann schon etwas schwieriger. Für Simon Echle aus Oberwolfach, gelernter Forstwirt und Zimmerer, kein Problem. Der bescheidene junge Mann ist ein Vollprofi an der Kettensäge. Nichts ist zu filigran für ihn – weder das Gefieder eines Adlers noch die Innenausstattung eines Jeeps. »Bei großen Arbeiten muss ich einfach vorher festlegen, wie der Körper werden soll«, erklärt der Künstler schlicht. Das mag für kleinere Arbeiten wie Holzherzen, Eulen oder Hühner ja noch nachvollziehbar sein – Simon Echle hatte jedoch auch schon einen 70 Meter langen Baumstamm unter seiner Säge, aus der er eine Riesenbank in Form eines Windradflügels zauberte. »Da musste ich vor Ort sägen und mir extra Urlaub dafür nehmen«, erklärt er lachend. Eine ganz Lkw-Ladung voll Holz sei zu dem Standort gebracht worden, an dem der Künstler dann arbeitete.

Simon Echles kreativer Arbeitsplatz befindet sich an einem Waldrand oberhalb von Oberwolfach mit schönem Blick auf den Ort. »Ich mag diesen Platz«, erklärt er. »Manchmal mache ich eine Pause und genieße einfach die Natur.« Hier am Waldrand fertigt er seine Holzkunst und hat extra für unseren Besuch einen großartigen Adler gesägt. »Mit so etwas fängt man diese Kunst aber nicht an«, erklärt er. »Und man muss dafür gut drauf sein!« Dreieinhalb Stunden brauche er für so eine Arbeit. Er habe viel im Rahmen eines Kurses bei einem Schnitzweltmeister gelernt, als er schon eine Weile selbst geschnitzt habe. »Das hat richtig was gebracht«, erinnert sich Simon Echle. »Ich habe viele Tipps erhalten, auf was man achten muss und welche Techniken es gibt.«

Da auch sein Vater als Forstwirt im Wald arbeitet, ist es kein Wunder, dass das Thema Holz den jungen Mann schon immer interes-

SIMON ECHLE . HOLZSÄGEKUNST

Ringstraße 7a • 77709 Oberwolfach • Tel. 07834/47946 • simon-echle.de
Termine nach Vereinbarung

sierte. Den Anstoß für diese neue Kunstrichtung in Sachen Holz gab ihm aber eine kleine Gartenschau in Horb, wo er für den Forstverein an einer Murmelbahn für Kinder mitarbeitete. »An dem Tag hatten wir spezielle Sägen zum Schnitzen da«, berichtet der Oberwolfacher. »Ich habe dann eine Holzscheibe genommen, die Motorsäge draufgelegt und aufgezeichnet und sie aus Spaß ausgesägt. Das ist ganz gut geworden«, lächelt er. Nach der Erfahrung mit der Murmelbahn legte er sich eine Sägegarnitur zum Schnitzen zu – und alsbald kam seine Mutter mit einem Bild auf ihn zu, das sie gesägt haben wollte. »Es ist immer alles einigermaßen gelungen, was ich gemacht habe«, meint er bescheiden. »Und wenn etwas ankommt, finde ich natürlich auch daran Gefallen.«

So kam es, dass Simon Echle auf Hobbyausstellungen sowie Weihnachts- und Naturparkmärkten seine Holzkunst anbot. Mit den ersten Einkünften erwarb er dann das entsprechende Schnitzwerkzeug und professionalisierte sich weiter mit dem Kurs bei erwähntem Schnitzweltmeister. Dort lernte der Holzkünstler beispielsweise, dass man durch Lackieren und Abschleifen Kontraste herausarbeiten und somit filigrane und detailgetreue Stellen schaffen kann. Beim Adler ist es beispielsweise der Rücken, der auf diese Weise realitätsgetreu nachgebildet ist. Als Vorlagen dienen dem Künstler echte Tiere beziehungsweise die Schnitzarbeiten von Kollegen. »Wenn etwas fertig ist, schaue ich es mir erst einmal an und denke darüber nach, was ich nächstes Mal besser machen könnte«, erläutert der Profi. »Erst

Die grimmig dreinblickende Hexe auf dem »Guck a'mol-Wegle« entstammt Simon Echles Säge. Das Herz ist eine der kleineren Arbeiten des Holzsägekünstlers. Simon Echles Arbeitsplatz befindet sich am Waldrand oberhalb von Oberwolfach.

dann kann ich mich an dem erfreuen, was ich gemacht habe – sonst wird man ja nicht besser«, lächelt er.

Drei Motorsägen sind für seine Schnitzkunst notwendig, und manchmal nimmt Simon Echle auch noch eine größere oder kleinere dazu – gut, dass er sich jederzeit Werkzeuge bei seinem Vater ausleihen kann. Bei aller Kunstfertigkeit kann es auch mal passieren, dass das Holz reißt. »Das ist nicht schlimm. Ich will das Holz nicht so sehr behandeln, und deshalb kann auch mal ein Riss durchgehen. Beim Adler allerdings darf so ein Riss natürlich nicht gerade durch den Kopf oder den Schnabel gehen, sodass er abfällt«, ergänzt er. Mit der Säge kann man auch glattschleifen, sodass mögliche Risse gut kaschiert werden können. Simon Echle verwendet vorwiegend Eiche für seine Holzkunst, da das Holz witterungsbeständig und hart ist und deshalb ein detailgetreues Arbeiten möglich ist. Zudem kann man auch größere Objekte daraus schnitzen.

Simon Echles Tipp

Auf dem »Guck a'mol-Wegle« in Oberwolfach, einem Rundwanderweg am Waldrand entlang, kommt man durch das Gelbachtal mit dem Serrefelsen der Fasnachtszunft Serregeister, für die ich eine Hexe geschnitzt habe, die am Wegrand alle Vorbeiwandernden erschreckt.

Noch betreibt Simon Echle seine Kunst neben seiner Tätigkeit als Zimmerer. Zwar ist er mit Aufträgen ein halbes Jahr im Voraus ausgebucht, »ich möchte aber nicht darauf angewiesen sein, davon leben zu müssen – ich möchte das weiterhin nebenher und aus Spaß machen«, betont er. Ein letzter Blick auf den Adler mit seinem detailgetreuen Federkleid sagt uns aber, dass auch in Zukunft noch viele Holzkunstwerke von dem talentierten und engagierten Zimmerer zu sehen sein werden.

Noch mehr Begegnungen

CAFÉS

Arts Lounge KunstCafé
Perfekte Symbiose aus Café und Kunst
Ooser Burgstraße 8, 76532 Baden-Baden,
Tel. 0160/376 42 48

Ben's Restaurant-Café
Kleine Speisekarte sowie Kaffee und
Kuchen im modernen Ambiente
Nationalparkzentrum Ruhestein,
77889 Baiersbronn, Tel. 0160/97 25 21 81

Friedrichs am Kienberg
Erhaben speisen mit Blick auf Freudenstadt
Herzog-Friedrich-Straße 33,
72250 Freudenstadt, Tel. 07441/951 19 60,
friedrichs-kienberg.de

Café Süßes Löchle
Ältestes Café in Baden-Württemberg
Friedrichstraße 14, 77933 Lahr,
Tel. 07821/996 64 40, cafe-suesses-loechle.de

Café-Restaurant Zuckerbergschloss
Badische Crossover-Küche in romantischer
Umgebung
Grüner Winkel 60, 77876 Kappelrodeck,
Tel. 07842/34 34, zuckerbergschloss.de

Café Pfaus
Idyllisch auf der Passhöhe Heidburg
zwischen Kinzig- und Elztal gelegen
Pfauss 2, 77796 Mühlenbach,
Tel. 07832/82 71, cafe-pfaus.de

Cuckoo's Nest
Süßes, Burger, Nachos, Burritos und Cocktails
Vor Singersbach 12, 77793 Gutach,
Tel. 0176/32 44 55 01, cuckoosnest.eu

Atelier-Café
Bei Kaffee und Kuchen dem Künstler über
die Schulter schauen
Paradiesgasse 7, 78713 Schramberg,
Tel. 07422/24 24 85, cafepflumm.de

KÜNSTLER UND ATELIERS

Anke Schwarz Schmuck und Metallarbeiten
Liebevoll handgemachter Schmuck
Ettlinger Straße 52, 75210 Keltern,
Tel. 0173/851 13 89,
anke-schwarz-jewellery.com

Baumann Natursandsteine
Schwarzwälder Sandsteinunikate aus der
Natur-Manufaktur Lothar Baumann
Renchtalstraße 49, 77740 Bad Peterstal,
Tel. 07806/84 93, natursandsteine.de

Durch das sehr breite Kinzigtal schlängelt sich der gleichnamige Fluss.

Matzes Schwarzwaldbretter
Kreative Holzarbeiten mit Motiven von Sebastian Wehrle
Maierbühnd 2, 77797 Ohlsbach,
Tel. 0179/9784326,
matzes-schwarzwaldstore.de

Holzkind Möbel & Wohnaccessoires
Möbel aus heimischen Hölzern, gefertigt nach individuellen Wünschen
Hagenbergstraße 6, 77887 Sasbachwalden,
Tel. 0151/20662695, holzkind.store

Werkstatt-Ausstellung Kunst und Keramik
Individuelle Keramik-Produkte
Diglinger Hauptstraße 6, 66933 Lahr,
Tel. 0176/29595233, glueck-pusch.de

Kosmos Schwarzwald
Kunst, Kultur und Kulinarik
Industriehof 6, 77933 Lahr,
Tel. 07821/9822284,
kosmos-schwarzwald.de

Register

Impressum

Verantwortlich: Katja Treu
Idee & Konzeption: Angelika Dietrich
Redaktion und Lektorat: Anette Späth
Layout: Elke Mader
Kartografie: Heidi Schmalfuß
Repro: LUDWIG:media
Herstellung: Bettina Schippel
Printed in Poland by CGS Printing

Sind Sie mit diesem Titel zufrieden? Dann würden wir uns über Ihre Weiterempfehlung freuen. Erzählen Sie es im Freundeskreis, berichten Sie Ihrem Buchhändler oder bewerten Sie bei Onlinekauf. Und wenn Sie Kritik, Korrekturen oder Aktualisierungen haben, freuen wir uns über Ihre Nachricht an J. Berg Verlag, Postfach 40 02 09, D-80702 München oder per E-Mail an lektorat@verlagshaus.de.

Unser komplettes Programm finden Sie unter www.j-berg-verlag.de

In diesem Buch wird aus Gründen der besseren Lesbarkeit das generische Maskulinum verwendet. Weibliche und anderweitige Geschlechteridentitäten werden dabei ausdrücklich mitgemeint, soweit es für die Aussage erforderlich ist.

Empfehlung der Redaktion
Sie sind auf der Suche nach weiterführender Literatur? Dann empfehlen wir Ihnen den Titel »Cafés und Ateliers Südlicher Schwarzwald« von Lars und Annette Freudenthal. Oder Sie werfen einen Blick in den Titel »Cafés und Ateliers in der Pfalz« von Marion Landwehr. Hier werden Sie bestimmt fündig.

Bildnachweis: Alle Bilder im Innenteil und auf dem Umschlag stammen von Robert Landwehr.
Umschlagvorderseite: Walter Vollmer bewirtet Gäste in seiner Gärtnerei – dem *Café im Grünen* (S. 106).
Einklinker: Das *Café Körbchen* präsentiert Korbwaren aller Art und andere schöne Wohnaccessoires (S. 146).
Umschlagrückseite: Uwe Merz alias Merzolio vor einem seiner künstlerischen Markenzeichen, der »Grätigen Bolle« (S. 138).

Die Deutsche Nationalbibliothek verzeichnet diese Publikation in der Deutschen Nationalbibliografie; detaillierte bibliografische Daten sind im Internet über http://dnb.d-nb.de abrufbar.

Infanteriestraße 11a
80797 München

ISBN 978-3-86246-924-6